# BRIGAS
## NA FAMÍLIA
## E NO CASAL

APRENDENDO A BRIGAR DE FORMA
ELEGANTE E CONSTRUTIVA

SOLANGE MARIA ROSSET

# BRIGAS
## NA FAMÍLIA E NO CASAL

APRENDENDO A BRIGAR DE FORMA
ELEGANTE E CONSTRUTIVA

Brigas na família e no casal: aprendendo a brigar de forma elegante e construtiva
1ª edição - 2ª Reimpressão agosto 2024
Copyright © 2016 Artesã Editora

É proibida a reprodução total ou parcial desta publicação, para qualquer finalidade, sem autorização por escrito dos editores.

Todos os direitos desta edição são reservados à Artesã Editora.

**COORDENAÇÃO EDITORIAL**
Karol Oliveira

**DIREÇÃO DE ARTE**
Tiago Rabello

**REVISÃO**
Maggy de Matos

**CAPA**
Karol Oliveira

**PROJETO GRÁFICO E DIAGRAMAÇÃO**
Conrado Esteves

---

R829    Rosset, Solange Maria.
        Brigas na família e no casal : aprendendo a brigar de forma elegante e construtiva / Solange Maria Rosset . – Belo Horizonte : Ed. Artesã, 2016.

        136 p. ; 21 cm.

        ISBN: 978-85-88009-55-4

        1. Psicoterapia familiar. 2. Terapia de casal. 3. Psicoterapia. I. Título.

        CDU 159.964

Catalogação: Aline M. Sima CRB-6/2645

**IMPRESSO NO BRASIL**
*Printed in Brazil*

**ARTESÃ EDITORA LTDA.**
Site: www.artesaeditora.com.br
E-mail: contato@artesaeditora.com.br
Belo Horizonte/MG

Aprender a atacar os problemas
sem atacar as pessoas
é a base da inteligência emocional
e de relacionamentos saudáveis.

**I - Apresentação** ............................................................................................................ 11

**II - Introdução** ................................................................................................................ 15
Pensamento relacional sistêmico ................................................................... 15
Brigas e emoções ....................................................................................................... 22
    Raiva ........................................................................................................................... 25
    Individualidade, solidão e privacidade ........................................... 26
    Rejeição .................................................................................................................. 29
    Culpa ......................................................................................................................... 30
    Tristeza .................................................................................................................. 31
    Mágoa ...................................................................................................................... 32
    Intimidade ........................................................................................................... 32

**III - Brigando** .................................................................................................................. 35
Pra que brigar .............................................................................................................. 35
Evitar brigas X Brigar demais ......................................................................... 37
Brigas e padrão de funcionamento ............................................................ 38
    Álibis relacionais e brigas ..................................................................... 39
    Compulsões relacionais e brigas ..................................................... 40
    Recaídas e brigas ........................................................................................... 41
    Processo de aprendizagem e brigas ............................................. 41
Tipos de brigas ........................................................................................................... 42
Brigas inúteis ............................................................................................................... 45
Aprendendo a brigar ............................................................................................. 46
    Cuidados importantes na briga ....................................................... 51
    Itens que não ajudam a relação e pioram as brigas ..... 56
    Pré e pós-briga ................................................................................................ 57

Avaliações importantes sobre brigas...................................................58
    *Perguntas no início da briga*...............................................58
    *Avaliação dos elementos da briga*.....................................59
    *Avaliação dos efeitos da briga*............................................62
    *Autoavaliação após brigar*..................................................65
Adquirindo habilidades para brigar......................................................66
    *Humildade e pedir ajuda do outro*......................................66
    *Sinalizadores de "terreno minado"*.....................................67
    *O que no outro me desestabiliza*.......................................67
    *Romper limites*.....................................................................68
    *Confundir conversar com brigar*........................................69
    *Metacomunicção*.................................................................69
    *Jogo do sem-fim*..................................................................70
    *Usando o bom humor*.........................................................70
    *Examinar a comunicação ocorrida na briga*.......................71
    *Estilos de brigas*...................................................................71
    *Sim..., mas sim ..., e*............................................................71
Terminar da briga...................................................................................72
Reconciliação..........................................................................................72

## IV- Brigas na Família........................................................................75
Espaço familiar.......................................................................................75
  Por que se briga mais em família....................................................75
  Aprender a brigar X Ensinar a brigar..............................................77
  Tarefas de pais e filhos.....................................................................79
    *Tarefas de pais*.....................................................................79
    *Tarefas de filhos*...................................................................81
  Aprendizagens familiares.................................................................82
Pais...........................................................................................................82
  Briga do casal que sobra para os filhos..........................................82

    Brigas ou separação dos pais ..................................................................84
    Brigas por divergência na educação dos filhos ...........................86
    Invasão do subsistema conjugal .............................................................87
**Briga entre irmãos** ...........................................................................................88
    Sistema fraternal ............................................................................................88
    Brigas entre irmãos .....................................................................................89
    Brigas que os pais não brigam ..............................................................90
    Brigas entre irmãos adultos ....................................................................90
**Brigas entre pais e filhos** ............................................................................91
    Falta de limites dos filhos .........................................................................92
    Brigas para agredir o parceiro ...............................................................92
    Brigas porque o filho é semelhante ao cônjuge ........................93
    Uso dos filhos para não ter intimidade conjugal .....................93
    Faça o que eu digo e não faça o que eu faço .............................94
    Forçar prova de amor dos filhos ..........................................................94
    Brigas necessárias ........................................................................................95
    Pais que se perdem ao lidar com
    a agressividade dos filhos .........................................................................95
    Brigas e filhos adolescentes ...................................................................96
        *Necessidade do jovem afirmar a própria identidade* ...............97
        *Drogas como uma forma inadequada de brigar* ......................98
    Equilíbrio nas "armas" paternas .............................................................99
    Criar e frustrar expectativas ................................................................100
    Ouvir os sinais dos filhos .......................................................................101
    Pais culpados .................................................................................................102
    Brigas e limites ............................................................................................102
    Confusão entre *pedir* e *mandar* ....................................................104
    Brigando menos com os filhos ..........................................................105

**V - Brigas no casal** ......................................................................................107
**Espaço de casal** ............................................................................................107

Brigas no casal......................................................................................................108
    Desencadeantes de brigas de casal.................................................113
    Briga e rompimento...............................................................................115
    Frustração conjugal................................................................................116
    Brigas para provar sua verdade........................................................117
    Brigas e divórcio......................................................................................117
    Intimidade e brigas................................................................................118
    Masculino e feminino............................................................................118
    Comportamentos e atitudes que dificultam a briga.............119
    Diferenças de crescimento.................................................................122
    Sexo e briga................................................................................................122
    Brigar e ceder............................................................................................124
    Briga e ciúme............................................................................................125
    Brigas disfuncionais...............................................................................127

**VI - Finalizando**..........................................................................................129

# I. Apresentação

**Aprendendo a brigar de forma elegante e construtiva**. Escolhi este subtítulo para firmar qual é a proposta do livro e o que pretendo transmitir.

**Aprendendo**. Porque é um assunto que as pessoas têm dificuldades em lidar com ele. Ou brigam compulsivamente, ou compulsivamente evitam brigar, ou se machucam muito nas brigas. Então, acredito que briga é um assunto para se aprender.

Está nesse tempo de verbo porque esta aprendizagem nunca está pronta; ela é um processo. Cada dia, cada relacionamento, cada etapa sempre traz novos ângulos, novas dificuldades, novos aspectos a serem desenvolvidos.

Saber brigar pressupõe saber lidar com uma série de emoções e situações. Questões estas que deveriam ser aprendidas desde o nascimento e na família de origem. Portanto pais que lidam com as emoções básicas – raiva, rejeição, culpa, tristeza, mágoa – e que possibilitam as aprendizagens sistêmicas básicas – lidar com a solidão, viver a rejeição, dar e receber, pertencer e separar, entre outras – ensinarão a seus filhos a se relacionar – brigando, aprendendo, amando – e estes saberão transmitir isso aos próprios filhos.

Aprender a brigar pode ser o primeiro passo em direção a ter controle sobre os sentimentos violentos que se não forem adequadamente contidos podem levar aos assassinatos e às agressões entre os povos. A humanidade não poderá lidar com as hostilidades entre as nações até aprender a criar meios que evitem a eclosão de hostilidades entre pessoas que se amam.

**Brigar**. Numa cultura que ainda funciona de forma cartesiana, brigar tem uma conotação negativa. Como se, ao brigar, as relações se rompessem, os caminhos se fechassem. No entanto, numa compreensão sistêmica, cada situação pode ser vista no seu aspecto positivo e também no aspecto negativo.

A agressão, que aparece nos momentos de briga é a circulação de uma energia básica, de um movimento de vida e de saúde. A palavra agredir, e agressividade, vem do latim *aggredi* que na sua etimologia está *ad-gradi* que tem por significado "caminhar em direção", "ir ao encontro". Sem dúvida, a agressividade é uma força que direciona. Ela traz a capacidade da autoafirmação permitindo ao indivíduo se colocar diante do outro, proporcionando uma relação real que leva ao encontro. Ela é absolutamente natural, faz parte também das nossas defesas e da conservação da espécie; é um instinto básico de sobrevivência, de autoproteção e de conquista do necessário. Assim, quando falamos em agir, ativo, ação, atos, impulso, estamos falando também da agressividade, como impulso ou reação que nos leva à realização e nos traz a força necessária para o enfrentamento. Não é a raiva, do confronto hostil ou da violência. É a energia da não--passividade, da não-letargia, da não-submissão. É também a capacidade de autoafirmação como indivíduos singulares. É colocar-se pelas suas diferenças e assim se apresentar diante do outro e do mundo. O confronto de ideias, posturas e comportamentos pode levar o outro à reflexão e à mudança.

Assim, ser agressivo é aceitar o conflito mas não submeter-se ao outro ou ao fato. É se colocar diante de, sem precisar fugir ou paralisar pelo desafio ou pelo medo. É poder se lançar diante de tudo o que é desconhecido. Agressividade-positiva como a catalisadora da coragem, como um impulso agressivo-positivo e necessário para a existência.

Quando essa energia sofre um nível intenso de contenção ocorre uma transformação da agressão. Quanto mais ela for contida, mais força interna ela vai desenvolvendo, e maior precisa ser o nível de contenção muscular e de atitude. No extremo dessa situação ela se torna destrutiva, passa a servir ao terror, ao domínio sem oposição.

**De forma elegante**. Uma briga pode ser destruidora, feia, negativa. Mas também pode ser elegante, isto é, ética, criativa e leve. Instrumentar-se para ter brigas leais, é aprender a brigar elegantemente. Acreditar que se pode brigar sem destruir o opositor abre caminhos para aprender a colocá-la em prática sem machucar ou acabar com o outro.

**Construtiva**. É a possibilidade de usar a briga para se conhecer, para aprender, para conhecer o relacionamento, para aprender sobre seu funcionamento e o funcionamento dos outros envolvidos.

Uma briga construtiva é o desenvolvimento de uma habilidade cooperativa, como uma dança. É uma proposta que, paradoxalmente, conduz a uma harmonia maior entre as pessoas.

★ ★ ★

Minha decisão de escrever este livro construiu-se a partir de inúmeras palestras e workshops em que o tema da briga nas famílias e nos casais era recorrente. O desejo de ajuda que as pessoas demonstravam, foi me mostrando que a maioria das pessoas não tem habilidade para brigar, se sente vítima impotente nas situações, e com sentimentos de culpa, mágoa e ressentimentos.

Na minha história de vida aprendi muito cedo que brigas faziam parte dos relacionamentos. Por mais que doessem, que fossem difíceis, eram uma forma de relacionamento, de troca de interesse, de colocar-se no mundo.

Como profissional, fiz escolhas de caminhos que permitiram me instrumentar para "boas brigas" e auxiliar meus clientes a se instrumentarem. O fato de acreditar que brigar não era só uma coisa ruim, mas que as pessoas poderiam fazer bom uso dessas brigas para crescerem e aprimorarem fez com que eu pudesse ajudar pessoas a saírem da culpa e da mágoa e se reorganizassem nas suas relações.

Então, agora, achei que estava na hora de dividir essas experiências e reflexões com mais pessoas.

Curitiba, fevereiro 2015

# II. Introdução

## Pensamento relacional sistêmico

As ideias refletidas neste livro são embasadas no pensamento relacional sistêmico, que o leitor interessado poderá obter informações detalhadas no Site www.srosset.com.br. Citar alguns itens desse pensamento, entretanto, é importante para dar coerência às propostas aqui apresentadas.

- **Escolhas.** Tudo na vida de uma pessoa é da sua escolha. Nada acontece que não seja escolha e responsabilidade dos indivíduos envolvidos na situação. Escolhe-se tudo que faz parte da vida: os comportamento, os sentimentos, os pensamentos, as enfermidades, o corpo, as reações.

  Nem sempre temos consciência que estamos escolhendo e nem do que escolhemos. O trabalho de aprimoramento é ir enxergando os fatos, descobrindo de que forma se posicionou para que aquilo acontecesse, e se responsabilizando por essas escolhas.

  Quando a pessoa aceita a responsabilidade pelas escolhas que faz na sua vida, tudo fica diferente. Sai o peso da culpa, desaparece a sensação de ser vítima. Adquire-se poder. Decide-se. Fica-se no controle.

- **Desenvolvimento da consciência.** A tarefa é tomar consciência do próprio funcionamento e de suas dificuldades (ou problemas), para poder desenvolver um programa de mudanças e, assim, ter como treinar novos comportamentos, atitudes, sentimentos.

O processo de tomada de consciência das escolhas e do próprio funcionamento não é fácil, nem rápido, nem indolor. Mas é o primeiro passo num processo de cura ou de desenvolvimento, seja individual seja nos relacionamentos.

Quando uma pessoa enxerga como funciona, como desencadeia os fatos da sua vida a sensação mais comum é de prazer, pois ao colocar as peças do seu próprio quebra-cabeça surge um sentimento de compreensão e de inteireza.

- **Do "Por quê" para o "Pra quê" e o "Como".** Na compreensão linear, cartesiana, o foco ou a preocupação principal na avaliação das situações é descobrir o **porquê** das reações e dos fatos. Isso se dá pela crença de que existe uma simplicidade na compreensão dos fatos, de que se definirmos qual é a causa, tem-se controle sobre as respostas, os efeitos.

Sistemicamente pensando, sabe-se que não existe uma causa que desencadeia um fato mas sim uma policausalidade. Se ampliarmos o olhar, veremos que existem sempre uma infinidade de causas que desencadeiam situações, que desencadeiam outras, que desencadeiam outras.

A avaliação é muito mais complexa; exige disponibilidade em olhar todos os ângulos e situações sem préconceitos.

A preocupação sistêmica é de enxergar **o quê** e o **como** algo **está acontecendo**. Então, o foco não é no passado, buscando-se algo ou alguém culpado pelo que aconteceu, **ou** encontrando uma desculpa, um álibi ou uma justificativa; mas no **presente**, avaliando-se **quem** está envolvido na situação, **de que modo**, quais são os **padrões** relacionais que **estão** ocorrendo.

- **Da compreensão para a mudança.** No pensamento linear, o desejo é de encontrar explicações e compreensões. Na proposta sistêmica o foco é enxergar o que está acontecendo, onde, com quem, como. E, ir buscando novas alternativas de funcionamento para chegar à mudança.

    Desta forma, mais importantes do que os conteúdos e as historinhas relacionais serão os **padrões de interação e funcionamento** das pessoas envolvidas, e a avaliação sempre conectada com o **momento** e o **contexto**.

    Tendo a mudança como foco, o trabalho será sempre no sentido de desenvolver consciência e responsabilidade pelos atos, reações e processos.

- **Das vítimas e bandidos para jogo complementar.** Pensar sistemicamente traz à tona a questão de que não existem vítimas ou bandidos.

    Acreditar que eles existem é uma forma simplista de ver e lidar com as situações relacionais. Quando nos posicionamos como juízes, vítimas ou bandidos, a realidade fica delimitada, os papéis e as hipóteses ficam cristalizados e muito pouco há para se fazer além de condenar, punir, culpar.

    No entanto, ao enxergar que os lances de relacionamento são circulares, são codesencadeadores; que o comportamento de um desencadeia e mantém o comportamento do outro e vice-versa, tudo fica muito mais complexo. Dependendo do ponto em que se coloca a atenção, os desencadeantes das sequências comportamentais podem mudar totalmente. E desta forma todos são parceiros na situação, completamente responsáveis pelo que acontece.

- **Sem certo e errado pré-definido.** Ao enxergar sistemicamente a vida, uma das primeiras coisas das quais se abre mão é da segurança em acreditar que existe uma separação e uma clareza entre o certo e o errado.

  O certo só é certo, a verdade só é a verdade, se fixarmos um olhar e não mudarmos de ângulo, de contexto, de configuração. Acreditar que sabe o que é certo, simplifica a vida, enrijece e empobrece as relações.

  O certo muda e perde a importância dependendo do ângulo que se olhar a situação. Flexibilizar esse conceito permite lidar de forma mais criativa e rica com a vida e as relações.

- **Circularidade.** A noção de causa e efeito conduz a um pensamento linear e vertical, define carrascos e vítimas e conduz à perda da mobilidade e flexibilidade nas relações. Ao olhar os relacionamentos como um **sistema**, um círculo, cada um tem a sua participação e responsabilidade, todos se influenciam reciprocamente. Descobre-se que existe uma teia interligada e não uma linha reta com um só sentido. Pensar e viver a vida de forma circular torna tudo mais complexo, mais rico e mais flexível.

- **Padrão de Funcionamento.** Padrão de funcionamento é a forma repetitiva que um sistema estabelece para agir e reagir às situações de vida e relacionais. Na maioria das vezes, ele é inconsciente e automático. Engloba o que é dito e o que não é dito, a forma como são ditas e feitas as coisas, bem como todas as nuanças dos comportamentos.

O padrão de funcionamento aparece em todos os aspectos da pessoa ou do sistema. Pode ser visto no corpo, no pensamento, no sentimento, na ação e, especialmente, nas relações.

Esse padrão estrutura-se na entrada da criança no sistema familiar, a partir da forma como a família atua o seu padrão básico. Nas relações familiares, vai se definindo o padrão do indivíduo desde que ele nasce. Ele está sob influência dos pensamentos, emoções e comportamentos dos seus pais e familiares, independente deles terem consciência ou não do que pensam, sentem ou fazem. Essa influência passa através do que é dito, do que não é dito, do que é evitado, do que é escondido; da forma como as pessoas se relacionam. A função básica do padrão de funcionamento é defender-se e sobreviver, mas aos poucos vai se cristalizando.

Não se pode dizer que um padrão de funcionamento é bom ou ruim, melhor ou pior. O que faz diferença é o quanto se tem consciência do próprio padrão de funcionamento, pois é à partir disso que se pode ter controle e fazer escolhas.

- **Responsabilidade.** O processo de ser responsável significa ter consciência do seu desejo, ter opções de escolha, fazer sua escolha e aceitar as consequências e os resultados dela.

Tomar contato com seu funcionamento é tomar consciência de como reage; é passar a ser responsável pelos comportamentos que escolhe ter, pelas reações que tem aos comportamentos dos outros e, inclusive, pelas reações que os outros têm aos seus comportamentos.

A responsabilidade mais difícil é olhar para dentro de si mesmo, descobrir os sentimentos, os medos, as defesas, os álibis. Com humildade, mas sem julgamentos críticos ou culposos, pode-se chegar a um nível de autoconsciência que abre novos caminhos para crescimento e desenvolvimento. Isto é responsabilidade.

**Recaídas.** compreender que em todo processo existem recaídas, dá mais tranquilidade e coragem para lidar com os desafios inerentes à tarefa de aprendizagem, mudança e controle dos comportamentos compulsivos.

Esta compreensão das recaídas é uma forma simples e concreta; usada para inserir a noção de recaídas durante o processo e a proposta de desenvolvimento da capacidade de gerir seus próprios controles das recaídas.

As recaídas são: inevitáveis, desejáveis, administráveis, "preveníveis" (passíveis de serem descobertas com antecedência e retardadas).

São **inevitáveis** porque a natureza, e toda a vida, é pulsátil, abre e fecha, começa-termina, sobe e desce, contrai-expande. É um movimento que acontece. Sempre vai haver uma recaída, uma volta ao estágio anterior nas aprendizagens, nos sintomas, nos controles, em tudo.

São **desejáveis** porque, através das recaídas, é possível avaliar o processo e os progressos. Fica-se sabendo o que já está consolidado e o que merece mais cuidado, mais treino, mais esforço.

São **administráveis** porque é possível lidar de forma funcional com elas. As formas de administrar as recaídas são: saber dessa teorização; ao perceber-se em recaída, olhar para frente (ver o caminho que se tem para fazer, o processo) e para cima (olhando a recaída como algo do processo, um item que faz parte, que é da evolução); evitar olhar para trás (como se tivesse voltado ao começo, uma regressão sem saída) e para baixo (ver como incapacidade, incompetência, má vontade, sem saída).

São "**preveníveis**" porque, após tomar consciência dos comportamentos e padrões e treinar administrar as recaídas, os sinais anteriores ao seu acontecimento vão sendo percebidos. Conforme se identificam esses sinais, pode-se mudar coisas e situações de forma a evitar ou retardar a recaída.

- **Sintomas.** No trabalho relacional sistêmico, os sintomas são compreendidos como uma forma de mapear os pontos que precisam ser reorganizados. Portanto, os sintomas são usados como rastreadores do processo e vão mostrar o funcionamento da pessoa. Assim, qualquer sintoma é compreendido não no seu conteúdo, mas no significado sistêmico que tem, e pode dar uma pista a respeito de aspectos, emoções ou funções com os quais estamos mexendo.

  Ao mesmo tempo, é importante avaliar se são sintomas relacionados ao padrão disfuncional (sintomas de defesa), se são sinais de recaída ou, ainda, se são a simbolização de dores e dificuldades em lidar com os conteúdos, com a história e com as mudanças (sintomas de processo).

## Brigas e emoções

Por mais tranquila que seja uma briga, ela acelera o coração, ela faz circular a energia, e traz à tona as emoções.

A palavra "emoção" significa movimento externo, para fora ou de fora. As emoções são de dois tipos: emoções de bem-estar e emoções de emergência. As emoções de bem-estar, que incluem o amor, a simpatia e o afeto, são elaborações e antecipações das vivências de prazer. As emoções de emergência, que incluem o medo, a raiva e o ódio, nascem da experiência e da antecipação da dor.

A família, o espaço familiar, é o lugar especial para aprender a lidar com as emoções. Possibilitar que isto aconteça é uma das tarefas dos pais. A forma como eles facilitam ou dificultam que seus filhos lidem com elas depende de como eles lidam com suas próprias emoções, de como aprenderam isto na sua família de origem e de como foram flexibilizando ou cristalizando através da sua vida.

Nas questões emocionais, é importante o processo de tomada de consciência do que se sente. Esse é o primeiro passo no desenvolvimento e controle emocional. Só a partir disso pode-se aprender a expressar sentimentos e emoções e assim, no treino da expressão, ter controle sobre o que se sente e o que se expressa. Esse caminho exige tempo, treino e supervisão. As crianças que tem a experiência de serem acompanhadas pelos pais nessas aprendizagens serão mais ricas e seguras no terreno emocional.

Este treino emocional engloba:
- tomar consciência da emoção que está presente a cada momento,
- ter a possibilidade de expressar essas emoções de forma coerente,
- desenvolver a possibilidade de ter controle sobre elas.

Nas situações de brigas, a pessoa que tem vivência desses três itens emocionais, poderá envolver-se na relação sem se perder na emoção, seja ela de bem-estar ou de mal estar.

Deixar a emoção tomar conta ou congelar a emoção nos momentos de discussão são padrões que não ajudam e na maioria das vezes criam situações difíceis de sanar.

A partir da tomada de consciência, percebendo e admitindo os sentimentos e emoções presentes, é possível ter discernimento a fim de encaminhar a emoção para o que for mais funcional: expressar, conter, descarregar, redirecionar.

Qualificando que a emoção existe, sem a busca estéril do **por quê** ela existe, é possível descobrir e usar formas adequadas para lidar com elas, tendo em vista que, às vezes o melhor caminho é conter a emoção, lidando de forma mais racional com os fatos, e em outras basta a expressão da emoção, para descobrir novos caminhos relacionais. Esta questão está bem esclarecida em capítulo do livro "Pais e filhos - Uma relação delicada", Artesã Editora, Belo Horizonte.

Uma das lições mais importantes que as pessoas precisam aprender é que seus sentimentos são sempre sobre elas mesmas – revelações de suas necessidades de, por exemplo, serem amadas, afirmadas, sustentadas, ouvidas ou elogiadas. Aprender que os sentimentos são sobre você, perceber suas emoções e sentimentos como algo que faz parte da sua essência, que não têm conotação positiva ou negativa, facilita assumir responsabilidade sobre o que se sente, sem ficar criando raivas, mágoas e retraimentos. Saber disso evita ou ameniza inúmeras brigas. Infelizmente, a maioria dos pais não percebe que seus próprios sentimentos são relativos a si mesmo, e não podem ensinar essa lição essencial aos filhos. Os pais tendem a culpar um ao outro ou aos filhos por aquilo que eles sentem e desta forma ensinam isto às crianças.

Aprender sobre sentimentos e emoções nas relações dentro da família de origem, quando se é criança, é importante e é determinante na definição da forma como a pessoa vai lidar com eles na vida adulta. Assim, se as crianças aprendem a sentir e expressar as emoções e os sentimentos vão adquirir naturalidade em expressá-los, sejam eles quais forem; sentirão que seus sentimentos são naturais, que a expressão e o compartilhamento são atos rotineiros.

As emoções são eventos corporais, são movimentos ou impulsos de dentro do corpo que, geralmente, resultam em alguma ação externa. A quantidade de energia que uma pessoa tem e o modo como a usa vão determinar e refletir sua personalidade. *Por exemplo, uma pessoa impulsiva não consegue conter qualquer aumento no seu nível de excitação ou energia e deve descarregá-la o mais rápido possível; o indivíduo rígido contém a expressão da sua energia, contendo seus movimentos e comportamentos.*

É tarefa dos pais ensinar os filhos a lidar com essa energia, que é sinônimo de emoção. Se os pais perceberem suas próprias formas de lidar com a energia, podem identificar a forma como o filho a usa e, a partir disto, auxiliá-lo a lidar de modo mais funcional com seu corpo, sua energia, suas emoções.

Para acompanhar as nossas emoções e a dos nossos filhos, bem como as ações que são compatíveis, é interessante conhecer o caminho da energia corporal nas emoções básicas.

Na raiva, a energia flui para os músculos e para as mãos, acompanhada de descarga de hormônios, o que prepara o organismo para ações fortes e vigorosas.

No prazer e na felicidade, há uma expansão geral da energia, e ela flui para a superfície da pele (incluindo genitais), dando uma sensação de tranquilidade e deixando o organismo disponível.

Na ansiedade, há uma contração da energia, e o fluxo dirige-se para dentro do organismo, para os órgãos internos. Nas situações de aspiração ou desejo, o fluxo da energia vai para o peito e para os braços, mas também para pélvis, boca e olhos.

Na tristeza, o organismo todo se contrai, diminuindo o fluxo energético.

Esse caminho da energia/emoção pode ser percebido pelo calor, pela cor, pelo enrijecimento ou relaxação do corpo. Saber identificá-los e saber lidar com eles ajuda muito no manejo das emoções básicas. E possibilita, nos momentos das brigas, ter maior discernimento sobre os próprios desejos e restrições.

### *Raiva*

A raiva é uma reação emocional e fisiológica básica contra a interferência na busca de uma meta desejada. Faz parte de um movimento saudável e autorregulador.

É uma das reações emocionais que sofre maior repressão na educação das crianças. Isto acontece pela dificuldade dos adultos – pais e educadores – em lidar com a expressão da sua própria raiva, e também pelo medo de que a agressividade se transforme em violência e saia do seu controle.

Sentir raiva é normal e inevitável. No entanto, a raiva pode ser expressa de maneiras aceitáveis (falar enfaticamente sobre o que nos deixou enraivecidos) e inaceitáveis (expressar de modo que machuque o outro fisicamente ou com palavras que depreciem, humilhem e desrespeitem). Bloquear as inaceitáveis e descobrir alternativas aceitáveis é uma tarefa do processo de desenvolvimento humano.

Existem muitos sentimentos que acompanham a raiva e são disfarçados por ela. Condutas agressivas podem encobrir tristeza, sentimentos de rejeição, necessidade de diferenciação para fortalecer a independência, medo de ser dominado, baixa tolerância à frustração.

Se pudéssemos ensinar às crianças a reconhecer seu direito a enraivecer-se, certamente seria mais fácil ensiná-las a expressá-la sem risco e a contê-la, quando fosse necessário ou funcional.

Aprender a formalizar e civilizar a raiva impulsiva ou reprimida, possibilita ser espontâneo e criativo nos encontros agressivos.

Ter "gênio forte" é uma falha da capacidade de administrar sua própria raiva. Muitas vezes serve como álibi para atuá-la sem controle. É preciso tomar conta da raiva antes que ela tome conta da gente. Também é importante assumir a responsabilidade pelos destemperos, sem acusar os outros que o provocaram, ou justificar pelo seu temperamento. Aprender a expressar sua contrariedade sem ofender, humilhar ou depreciar o outro é um sinal de desenvolvimento emocional e relacional.

A raiva se transforma em violência quando não se consegue transformar o conflito em acordos construtivos; nesses casos a energia mobilizada pelo conflito é usada de modo destrutivo.

### *Individualidade, solidão e privacidade*

Estes três temas são responsáveis por muitas brigas relacionais e em muitos casos sem possibilidade de encontrar uma saída. Algumas vezes em função da inabilidade de lidar com eles, outras por querer que os outros lidem da sua forma, e na maioria das vezes porque são temas não conversados e tidos como temas difíceis. No entanto, se abordados, e com postura de aprendizagem, podem abrir caminhos de muito enriquecimento relacional.

Uma das situações mais difíceis de lidar com as crianças é a questão da solidão. Não porque seja uma situação mais difícil do que as outras, mas porque, de um modo geral, as pessoas, os meios de comunicação, a cultura encaminham-nos a não entrar em contato com a solidão.

A sensação de solidão é inevitável, e muitas explicações teóricas e filosóficas existem para falar dela: a incompletude do homem, o desejo do Nirvana, o trauma do nascimento, entre outras.

A maneira de encarar a solidão depende do que foi aprendido no funcionamento da família, além, claro, da personalidade e das características de cada indivíduo.

- Algumas pessoas não têm consciência dessa solidão e outras tem.
- As que não tem consciência podem fazer sintomas físicos, relacionais ou de outra área, mas não associam os sintomas com sua dificuldade de viver a solidão.
- No grupo dos que têm consciência da existência da sua solidão,
    - alguns a negam,
    - outros fogem dela,
    - outros não se conformam com ela,
    - e um pequeno subgrupo a aceita.
- Aceitar a inevitabilidade da solidão é o primeiro passo para lidar com ela.

- Alguns aceitam
    - e morrem disso;
    - outros aceitam, sofrem e fazem sofrer por isso;
    - outros culpam alguém;
    - outros viram fanáticos religiosos ou de ideias;
    - alguns se responsabilizam pela consciência que têm da solidão e, entre saídas e recaídas, usam-na como forma de aprender novas coisas nas relações e consigo próprios.
- Aceitar a solidão não é se resignar; é aceitar a si próprio, nas suas condições e potências reais.

Saber que existem situações e coisas que não podem ou não precisam ser compartilhadas é um dos elementos que fortalece a relação entre as pessoas e evita que queiram compulsivamente conhecer tudo que o outro sente e pensa.

Nem sempre a pessoa tem consciência do que está sentindo, ou do que desencadeia determinado sentimento. Ser pressionado a dar uma explicação de algo que se está sentindo e não tem clareza do que é, força a pessoa, especialmente a criança, a inventar uma explicação e distanciar-se dos sentimentos e sensações. Se os pais souberem disso, ensinarão a todos os membros da família que cada um deles poderá mergulhar na sua dor e solidão, quando acontecer, sem a preocupação de se justificar para o parceiro/pai/mãe/amigo.

Dar colo ao outro quando sofre de solidão sem fazer perguntas e sabendo que quando se sentir solitário também será acolhido, pode melhorar a relação e possibilitar que cada pessoa se permita sentir e viver suas emoções sem autocríticas nem exigências. Saber que, quando uma pessoa quer ficar só, ela está se fortalecendo e se reorganizando, faz com que os momentos de isolamento de cada um não represente risco. E, assim, aprendem a respeitar e a ser respeitado.

Individualidade e solidão são experiências de grande valor emocional. Para alguns, porém, elas aterrorizam porque são acompanhadas por sentimentos de exclusão, de abandono e de menos valia.

No entanto, podem ser experiências altamente gratificantes e enriquecedoras para aquele que se sente pertencente, cuja vida tem valor, no pequeno e no grande grupo social em que ele se encontra verdadeiramente engajado. Estar só pode representar um momento de sossego, de reabastecimento pela intimidade consigo mesmo, de mergulho no seu mundo interno.

A qualidade de muitas brigas depende da forma que a pessoa aprendeu na família de origem e depois lida na vida adulta com esses temas.

### *Rejeição*

Todos aprendemos a lidar com questões relacionais básicas em nossa família de origem. Essas aprendizagens ficam inseridas no funcionamento de cada pessoa, ainda que ela tenha pouca ou nenhuma consciência disso.

Na maioria das famílias não é comum ensinar às crianças que rejeição é um aspecto relacional inevitável e importante. Geralmente se transmite que é uma coisa ruim, que machuca, e, portanto, deve ser evitada. O resultado é que elas chegam à vida adulta com muito receio de serem rejeitadas e de rejeitar.

Se, no entanto, aprenderem que esses sentimentos são naturais, que são até mesmo um direito relacional, e não encobrem maldade, safadeza ou desamor, terão mais chance de se relacionar amorosamente sem tanto receio de lidarem com esse assunto.

Assim, quando forem rejeitadas saberão que naquele momento o outro estará apenas querendo ficar só, dedicar-se a alguma atividade, ou refletindo, ou revendo situações. E, quando elas mesmas não estiverem disponíveis, explicitarão seu desejo com sinceridade, com afeto e sem culpa. Assim, rejeitar e ser rejeitado serão só mais alguns aspectos da relação, que poderão ser discutidos abertamente

### *Culpa*

É um dos sentimentos mais comuns na nossa cultura. No entanto, é importante entender que a culpa não é uma emoção verdadeira originada na experiência de prazer ou dor. Ela não tem suas raízes nos processos biológicos do corpo. Ela é produto da cultura e dos valores que a caracterizam.

Para remover o sentimento de culpa, é necessário, primeiramente, que ele se torne consciente.

Alguns autores dizem que o sentimento original de culpa surge da sensação de não se sentir amado. A única explicação que a criança tem para a rejeição dos pais é de que fez algo errado; dessa forma, entra numa corrida de querer agradar e, para isso, faz muitas coisas que não atingem o objetivo, geram mais culpa e aumentam a sensação de não ser amado.

Outras hipóteses da gênese do sentimento de culpa são dadas por teorias e escolas, mas o que existe em comum é que a culpa cria um círculo vicioso difícil de ser quebrado, e que funciona mais ou menos assim:

- Todos os atos geram uma reação das pessoas envolvidas,
- Quando tais atos desencadeiam resultados não desejados ou não aprovados, as pessoas reagem criticando, cobrando da pessoa que foi o desencadeante,

- Se a pessoa, compulsivamente, devolver a cobrança, atacando os outros envolvidos, depositando a culpa em alguém, esquivando-se de responder pelos seus atos, desencadeará um processo crescente de culpabilizações, no qual cada envolvido, compulsivamente também, atacará e culpará o outro.

O processo contrário à culpa é o desenvolvimento da responsabilidade:

- Quando se faz uma escolha consciente dos atos a serem realizados, e eles desencadeiam resultados não esperados ou desagradáveis, ao ser cobrada,
- a pessoa responsabiliza-se pelos resultados das suas ações e escolhe novos comportamentos, pelos quais, novamente ao ser cobrada, responsabilizar-se-á.
- Dessa forma, cria um círculo de escolhas e responsabilizações.

Portanto, a aprendizagem necessária para não se ficar preso nas redes da culpa é a aprendizagem de fazer escolhas e, consequentemente, responsabilizar-se por elas.

### *Tristeza*

Para início da questão, é importante diferenciar a tristeza da depressão. Em muitas situações por não se lidar com a tristeza, cai-se em depressão.

A tristeza é inevitável e necessária. É a forma que o organismo tem de digerir frustrações, perdas e incompetências. É importante percebê-la e expressá-la, seja chorando, seja ficando quieto, seja falando sobre ela.

A tristeza pode começar leve, como uma tristeza coerente e se não trabalhada pode chegar a situações alarmantes.

A prevenção sempre é o contato e a expressão da tristeza. Dessa forma, previnem-se muitas situações de depressão.

### Mágoa

É a sensação de coração ferido. Dói porque estamos amando, querendo bem ou vulneráveis à pessoa que nos fere.

A melhor reação quando estamos magoados é o choro, ou simplesmente sentir a mágoa, sem explicações, sem acusações, sem ressentimentos. Caso contrário, vai se acumulando e se transforma em amor próprio ferido, ressentimento e rancor.

Rancor é uma mistura de mágoa e raiva, a mágoa puxando para o choro e a raiva puxando para a briga.

### Intimidade

Intimidade é ler os olhos, os lábios e as mãos de quem está com você. Intimidade é não ter vergonha de ser o que a gente é, não precisar explicar coisa alguma.

Intimidade é não precisar verbalizar tudo o que pensa; é aceitar a solidão do outro; é estarem familiarizados com o silêncio de cada um; é não precisar ser coerente em todas as atitudes.

Muitas definições e explicações que têm em comum a existência de uma conexão mais forte e intensa entre duas pessoas.

As pessoas íntimas se importam profundamente uma com a outra. As pessoas íntimas estão sempre se perscrutando, procurando informar-se a respeito de suas "índoles" ou de sua natureza "boa" ou "má". Levantam hipóteses relativas ao ponto em que se situam em relação um com o outro e, a exemplo dos cientistas, gostam de verificá-las. Trata-se de uma técnica intuitiva e construtiva do desenvolvimento da intimidade.

Quanto maior a intimidade entre duas pessoas, mais vezes elas se revezam na tarefa de exprimir suas opiniões com liberdade. E muitas vezes isso gera brigas e desentendimentos. Mas saberão que serão compreendidos e que podem brigar sabendo que nada irá se romper.

★ ★ ★

Todos estes sentimentos e situações citadas podem auxiliar as pessoas a se relacionarem, mas podem ser o estopim de grandes e profundas brigas. Acredito que ao se darem conta dos sentimentos e das formas de lidar com eles muitas brigas infrutíferas podem ser evitadas, da mesma forma que podem ser transformadas em brigas produtivas e construtivas.

# III. Brigando

## Pra que brigar

As brigas são uma forma

- de se fazer conhecer,
- de mostrar suas características e seu potencial,
- de lutar para manter sua privacidade, seu espaço e sua individualidade.

Uma briga com qualidade e habilidade ajuda os participantes a se posicionarem, a se conhecerem e a conhecer o outro que está na relação.

Uma briga leal entre pessoas íntimas dá origem a uma informação nova e autêntica. É útil para fazer com que os parceiros na contenda:

- saibam em que ponto eles se situam,
- para reconhecerem os conflitos correntes e aprenderem a resolvê-los, e
- para lembrar um ao outro dos limites de tolerância existentes em todas as relações.

Os encontros agressivos também são considerados construtivos na medida em que eles permitem a um ou a ambos dos envolvidos uma catarse sem ofensas, bem como benefícios paralelos, como o divertimento e a manutenção do contato.

Sempre é necessário avaliar cada caso em si, a utilidade ou os estragos que a briga faz na relação real e concreta. A construtividade da contenda é medida pela dominância de estilos de briga "leais" sobre estilos "desleais" e pela predominância de modificações para mais ou para menos nas dimensões da intimidade.

Se uma boa briga aproxima os envolvidos uma má briga pode acabar com a relação, ou pelo menos pode criar impedimentos para uma relação amorosa, intima e prazerosa.

O que é importante para o crescimento emocional das pessoas, é avaliar seu próprio funcionamento com relação às brigas.

- Saber pra que se briga,
- Conhecer seu potencial destrutivo acionado nas brigas,
- Conhecer seus fantasmas e medos envolvidos nesse assunto são o caminho para que cada indivíduo leve para seus relacionamentos a possibilidade de fazer bom uso das brigas.

Uma briga fica insolúvel quando nenhum dos parceiros consegue fazer com que o outro aceite os importantes pontos de vista que cada um precisa que o outro conheça. Assim, não param; toda situação é motivo para retomarem a mesma briga. Na verdade estão brigando para que o outro o conheça, o enxergue e qualifique seu ponto de vista, mas não conseguem uma forma de atingir esse objetivo e nem de parar de brigar.

Uma briga construtiva contribui para uma vida desprovida de jogos. É uma alternativa liberadora, criativa, que funciona.

## Evitar brigas X Brigar demais

Algumas pessoas têm uma tendência a evitar brigas. Isso pode ser só uma intenção mas pode também ser uma compulsão em agir e reagir de forma a nunca brigar ou causar brigas.

Se uma pessoa tem uma compulsão em evitar brigas, ela está presa na mesma armadilha de outra que tem a compulsão de brigar por qualquer detalhe pequeno.

Sendo uma compulsão, tanto um comportamento como o outro são mais fortes que o afeto e o espaço da relação. E não resolve o problema nem melhora a relação. Evitar brigas pode ser o ingrediente principal que deteriora a relação e impede a intimidade.

Brigar demais leva à muito mal-estar nas relações, à culpas e rompimentos. Isso acontece porque, a cada situação desagradável, ao invés de uma autoavaliação:

- o que está me incomodando?
- vou brigar para que?
- o que gostaria que o outro fizesse?
- qual é a frustração que estou vivendo?

– parte-se para criar argumentos que justifiquem a briga e armas para ganhá-la. Os sentimentos negativos são depositados fora, no oponente. E desta forma não servirá para avaliar-se e avaliar cada uma das situações.

Ao brigar de menos a pessoa é tomada por seus fantasmas e medos, e isto faz com que contenha seus desejos e necessidades compulsivamente. Os sentimentos negativos – raiva, medo, mágoa, ressentimento – são acumulados dentro de si. E assim, se fecha, se distancia e pode atrapalhar a relação com o outro.

Muitas razões existem para a pessoa reagir dessa forma – experiências de brigas muito devastadoras no passado, inexperiência de bom uso da briga, falta de confiança nas suas próprias capacidades de argumentação, registro de vulnerabilidade muito grande – e evitar qualquer briga passa a ser o comportamento dominante.

Tanto o demais como o de menos não é construtivo, quando é realizado de forma compulsiva.

Já que evitar brigas não é a melhor proposta numa relação, então é melhor aprender a brigar com mais habilidade.

## Brigas e padrão de funcionamento

Padrão de funcionamento é uma forma repetitiva de responder e reagir às situações da vida e às situações relacionais.

O **padrão de interação** é a repetição de uma sequência de lances (como num jogo) ou de interações (verbais e/ou não verbais); são elementos que se repetem sempre e que obedecem a um conjunto de regras fixas.

Quanto menos consciente a pessoa é do seu padrão de funcionamento, tanto mais fica à mercê das reações dos sistemas aos quais pertence, com menos possibilidades de fazer escolhas. Essa compreensão vale para qualquer tipo de sistema, inclusive para indivíduos, famílias e casais, instituições.

Num relacionamento, como também numa briga, os envolvidos atuam de acordo com seu padrão de funcionamento básico.

Para enxergar os próprios padrões, é necessário ter uma real vontade de empreender essa busca e uma profunda humildade consigo mesmo para enxergar seu funcionamento sem as conotações lineares de bom ou ruim, certo ou errado, mas como uma condição pessoal, que depende do próprio indivíduo conhecer e ter autonomia sobre ele.

Aprender a ver os padrões de funcionamento é como solucionar um quebra-cabeças: uma peça de cada vez, sem aparente ligação com a figura; porém, de um momento para o outro, ficam claros o objetivo, o jogo, o padrão.

Então, o primeiro passo para ter controle sobre padrões repetitivos é aprender a enxergá-los. Só após isso, é possível saber quais aprendizagens são necessárias, qual o caminho para ficar "dono de si", dono dos seus comportamentos. Esse é um processo contínuo e ininterrupto; sempre haverá um novo ângulo a ser descoberto, uma nova ligação a ser percebida.

Dessa forma, aos poucos, o sistema vai enriquecendo sua instrumentação relacional e emocional e, vagarosamente e sem riscos, vai flexibilizando suas regras.

Essa tomada de consciência do seu padrão e do padrão dos outros possibilita que se enxergue as brigas como aspectos do padrão básico, e pode-se então, usá-las como sinalizador do que se precisa aprender e mudar.

### *Álibis relacionais e brigas*

Em todos os relacionamentos, as pessoas envolvidas têm alguns "álibis relacionais" que são:

- explicações psicológicas que protegem e,
- dão desculpas para as pessoas evitarem mudanças,
- para não ousarem fazer diferente, e
- para neutralizar a pressão do outro para que mude.

Cada pessoa, cada família ou casal tem seus álibis relacionais específicos, e é uma importante tarefa descobri-los e trabalhar com os efeitos paralisantes que eles causam.

Eles cristalizam as relações, pois quem os usa sente-se autorizado a manter o comportamento, já que tem "razões psicologicamente corretas" que o protegem, e quem está recebendo essa desculpa sente-se amarrado e coagido a aceitar o comportamento mesmo que, de fato, não o aceite e enxergue que atrapalha o crescimento e desenvolvimento da pessoa e do relacionamento.

O uso dos álibis nas brigas, além de não ajudar a mudar a situação, paralisa o outro envolvido.

Isto pode desencadear o uso dos álibis do outro. E então teremos uma briga sem saída honrosa, onde cada um vai tentar se esconder e nocautear o outro com suas desculpas e álibis.

Algumas vezes, o uso excessivo de álibis, pode desencadear a violência pois a pessoa se sente tremendamente impotente frente aos álibis do outro.

### *Compulsões relacionais e brigas*

As compulsões de funcionamento ou compulsões relacionais são as respostas automáticas que uma pessoa dá ao ser foco de uma ação relacional de alguém.

São os comportamentos automáticos a determinadas situações relacionais e que, de forma geral, estão ligadas a situações traumáticas vividas ou a situações com as quais não aprendeu a lidar.

São chamadas compulsões relacionais porque ocorrem nos relacionamentos, por serem automáticas e, muitas vezes, sem consciência.

Entre as muitas tarefas de tornar-se adulto, o controle das compulsões de funcionamento é talvez a mais difícil. A partir do momento em que o indivíduo percebe esse automatismo de reação, independentemente do motivo pelo qual funciona assim, ele pode começar o processo de ficar consciente e dono das suas reações.

Esse processo de conter as compulsões é longo e pressupõe o envolvimento da pessoa; implica em ficar atento, perceber e conter seus impulsos relacionais, assim como ter paciência e autocompaixão pelas dificuldades e recaídas.

No desenvolvimento deste processo, passa-se pela fase de

- perceber que acabou de repetir a compulsão; depois,
- percebe-se fazendo; depois,
- percebe-se na eminência de fazer mas faz; e
- só após muito exercício, percebe-se na eminência de fazer, e então pode se conter e escolher se fará ou não.

Muitas brigas são desencadeadas por compulsões relacionais, e a maioria é mantida por elas.

### *Recaídas e brigas*

Uma boa forma de lidar com a inevitabilidade das brigas é usar uma compreensão sistêmica das recaídas.

Esta "teoria das recaídas" serve como auxiliar na prevenção e administração das brigas, pois ajuda os envolvidos a lidarem com a situação paradoxal das melhoras e das pioras dentro do processo de autocontrole.

Sabendo que as recaídas são inevitáveis, desejáveis, administráveis, "preveníveis" (passíveis de serem descobertas com antecedência e evitadas) os envolvidos nas brigas podem ir administrando suas recaídas e brigas.

### *Processo de aprendizagem e brigas*

Aprender, como todos os outros processos na vida, tem inúmeros ângulos e possibilidades de teorizações. Uma das formas de acompanhar esse processo, e muito útil no caso das brigas é esta visão que uso para auxiliar o controle e a consciência de quem está envolvido no seu próprio processo.

A primeira etapa, imprescindível para qualquer aprendizagem, é tomar consciência do seu funcionamento, e – o que é mais importante- da sua responsabilidade no desencadear dos acontecimentos.

Sem esse item, o indivíduo fica sempre reclamando de um mal-estar, ou de uma situação, ou de uma pessoa, ou de um sintoma, ou de um sentimento. Sem esse item, a pessoa fica refém das situações e das pessoa com quem se relaciona. E nada de diferente acontece.

Tomando consciência da sua responsabilidade no desencadear dos eventos, o indivíduo fica agente da sua história, dono das suas ações e reações. Para de reclamar do que acontece fora, e inicia seu próprio processo de consciência, aprendizagem e controle, e o processo da mudança se inicia.

Inicialmente, o indivíduo só percebe depois que desencadeou o fenômeno; a seguir perceberá ao estar desencadeando; depois percebe que vai desencadear mas não tem controle, e desencadeia; e só no final, perceberá que vai desencadear, e, então, conseguirá escolher desencadear ou não.

No caso de avaliar as brigas, esse processo ajuda a acompanhar as mudanças e aprendizagens de todos os envolvidos, bem como a qualidade delas.

## Tipos de brigas

Tão variados quanto são os seres humanos são os tipos e as razões de brigarem. Mas existem alguns tipos de brigas, que se forem identificados, abre possibilidades de lidar com as questões que estão por trás, e, dessa forma aliviar a tensão da briga e enfraquecê-la, inclusive levando a não ser mais necessária.

- Brigar para se autoafirmar – pessoas que se sentem inseguras ou inferiores podem ter uma compulsão em brigar para se sentirem com mais condições. Também muitas vezes podem confundir autoafirmação com falta de limites e abusar das brigas para se sentir seguro ou com poder.

- Brigar para por limites – nas relações mais intimas, muitas vezes as pessoas que tem funções com um nível hierárquico superior e não conseguem se colocar desta forma, usam as brigas para forçar a obediência ou atitudes mais servis.

- Brigar para impedir a intimidade – muitas pessoas com dificuldades de serem íntimas, amorosas e afetivas, ao perceberem o surgimento desse envolvimento, criam brigas para se defenderem e manter o distanciamento.

- Brigar para ter informações – existem pessoas que forçam brigas sabendo que no auge delas poderá desencadear confissões e revelações. E isso é real se o outro se deixar levar pelos sentimentos e não tiver controle. Muitos casos amorosos, segredos, pontos fracos já foram revelados nessas circunstâncias.

- Brigar por questões triviais – entre as pessoas íntimas, a trivialidade pode ser qualquer coisa, menos algo insignificante. Para quem está de fora parece que a questão não deveria valer um briga, mas para os envolvidos é uma espécie de taquigrafia emocional que as pessoas íntimas desenvolvem ao longo de um relacionamento duradouro.

Uma briga por algo trivial pode ser indício de um conflito subjacente mais sério. Apenas a questão aparente, em torno da qual se dá a briga, é trivial; as emoções que ela desperta apresentam todas as probabilidades de serem sérias. Uma questão trivial pode ser um engodo.

Pode fazer parte de um plano de batalha mais amplo e que pode não ser conscientemente esquematizado. Pode ser uma desculpa para se ficar zangado apenas com o objetivo de assustar o companheiro, ou causar uma forte impressão nele ou testar os limites da irritação (Quanta raiva conseguirá suportar?).

A intensidade da briga por coisas triviais é muitas vezes o resultado do efeito acumulativo provocado pelo fato de se guardar ressentimentos. Qualquer nova pressão, por menor que seja, aumentará o reservatório das tensões, até que algo acabará transbordando.

Disputas triviais podem funcionar, também, como uma válvula de segurança em relacionamentos íntimos duradouros. Se as trivialidades forem postas de lado, muitas vezes como algo "porque não vale a pena brigar", e se todas as frustrações menores forem supridas no interesse da paz e da harmonia doméstica, provavelmente acabará acontecendo uma grande explosão.

Muitas vezes se tem amnésia do que gerou a briga. A razão é realmente trivial e, portanto, não vale a pena recordá-la! Com frequência, ela é tão absurdamente trivial que seria completamente constrangedor lembrar que se ficou preocupado devido a algo tão insignificante.

- Brigas que invadem – usar as brigas para forçar a invasão de privacidade, de afeto, de espaço. Comunicação não é invasão assim como amor não é controle.

Comunicar-se bem não tem a ver com partilhar tudo. Um dos riscos das relações com proximidade é tentar resolver os problemas exercendo controle sobre os outros.

## Brigas inúteis

Se existem brigas que podem ser úteis – para aprofundar a relação, para aprender e evoluir – existem brigas que não ajudam nem a pessoa nem o relacionamento.

Algumas delas :

- Quando não vale a pena brigar- existem muitas situações em que a briga é um desperdício de energia. Isso acontece quando um ou todos os envolvidos não estão querendo chegar a um bom acordo, só estão brigando para manter a sua posição; quando os envolvidos não tem as mesmas informações, ou tiram conclusões diferentes das informações; quando a relação está enfraquecida e correndo riscos de se fragilizar ou romper.
- Quando a briga é repetitiva – brigas sem consciência do que pode estar por trás delas, e que se repetem sempre e da mesma forma, além de infrutíferas, machucam os envolvidos e não melhora o relacionamento.
- Quando a briga é por situações insolúveis – a briga não vai dar solução nem possibilitar mudanças porque a razão do desentendimento não tem solução ou a solução não depende dos envolvidos na briga.
- Quando a briga é para mudar o outro ou só apontar seus erros – neste caso é uma briga sem saída honrosa, pois quanto mais um tiver a expectativa de que o outro se enxergue, admita, mude, mais elementos estará dando para o outro enrijecer nos seus pontos de vista e defesas.

- Quando a briga é desgastante demais – quando se repete o comportamento de falar quando deveria silenciar e ouvir as argumentações do outro, e calar quando a sua palavra é essencial para esclarecer, informar e colocar seus sentimentos e pontos de vista.

## Aprendendo a brigar

Uma briga funcional, a boa briga, é aquela em que os envolvidos brigam dentro de determinados parâmetros que não destroem a relação e acrescentam itens ao relacionamento.

Para desenvolver uma briga mais adequada, é importante que os participantes conheçam e sigam alguns dos itens a seguir.

- Não fazer perguntas usando "por quê". Usualmente, perguntar o porquê de um comportamento ou situação, significa censurar, acusar. E censurar e acusar não é um bom começo de briga.
- Procurar ater-se a um tema. Na hora da briga, é comum lembrar de outros temas que também estão atrapalhando; isso tira o foco e a estruturação do tema que está em discussão.
- Não se atolar em questões irrelevantes. Ampliar a discussão para questões que não são diretamente ligadas ao assunto ou importantes para a questão gasta energia desnecessária, coloca o foco em aspectos que não ajudarão a resolver a questão.
- Não trazer à tona assuntos do passado. O problema é o que está acontecendo agora, e não o que aconteceu, poderia ou não ter acontecido em outros tempos. Pessoas funcionais brigam por questões atuais, reais;

pessoas disfuncionais brigam por coisas do passado, estão sempre brigando a mesma briga, repetidamente.
- Não insultar, nem rotular. Isso não acrescenta nada de positivo e só deixa o outro zangado e serve de motivo para uma nova onda de desacertos.
- Evitar afirmações usando "você" e focar no que sente. Declarações como "Você faz isso ou aquilo" são acusações, que colocam o outro na berlinda. No entanto, quando em vez disso, se diz como se sente abre possibilidades de que o outro escute sem se defender.
- Não dizer "sempre" ou "nunca". Tais exageros só fazem provocar o outro, pois generalizam e fecham questão.
- Não interromper a fala do outro. Dar ao outro a chance de terminar o que está dizendo, além de possibilitar entendê-lo pode mostrar questões nas quais não estava percebendo.
- Não usar violência física. O emprego da força física é prova de um colapso na comunicação. Mesmo que o destempero verbal possa ferir mais que a violência física uma briga física constitui uma agressão criminosa e coloca numa posição de desvantagem aquele que parte dos ataques verbais para os físicos. É um limite que depois de rompido é muito difícil voltar atrás.
- Não aplicar golpes baixos. Ressentimentos profundos são gerados por esse comportamento. A pessoa que recebe o golpe fica sem defesa, com isso se fecha e se prepara para usar golpes baixos na próxima briga. E assim estabelecem um padrão disfuncional e sem saída para as brigas. Usar o que sabe que vai ferir profundamente o outro, ou o que é mais difícil para ele, além de piorar a situação é uma prova de inabilidade relacional.

Uma das formas de evitar isso é combinarem e contratarem que quando acontecer, o que recebeu vai assinalar o golpe falando uma palavra ou outra senha, ou outro comportamento sinalizador. *Um casal que acompanhei, combinou que, quando ela percebesse que ele estava usando as reais inabilidades dela de forma destrutiva e sem lhe dar condições de se defender, ela gritaria alto "Golpe baixo!" e ele pararia imediatamente o que estava dizendo.*

- Preservar a paz entre as brigas. No tempo entre uma briga e outra as pessoas podem ser amorosas e carinhosas, sem ficar colhendo dados para usar na próxima briga ou remoendo o que aconteceu na anterior. Evitando também ficar emburrados ou agir com frieza e distanciamento.

- Fazer bom uso das informações obtidas na briga. Ao brigar, inúmeras coisas são ditas ou mostradas. Não se deve esquecer os itens que mostram aspectos do funcionamento de um, do outro ou das pessoas que brigaram. Esses dados podem servir para recontratos e mudanças individuais ou na relação.

- Conseguir ouvir e falar. Ouvir e reconhecer o que o outro acabou de dizer, em vez de argumentar em contrário, imediatamente.

- Uma pessoa me contou que uma forma de fazer com que o parceiro ouvisse realmente o que tinha para dizer, era descobrir os aspectos em que concordava com ele, no que ele acabara de dizer, e daí, prosseguir apresentando o próprio argumento.

- Não despejar queixas e frustrações acumuladas sobre o outro. É comum que, no dia a dia, não se fale das mágoas e insatisfações; porém, no momento da briga, esses conteúdos adquirem uma intensidade muito grande e são despejados todos juntos. E isso não ajuda, atrapalha, e tira o foco das razões da briga.

- Expressar sentimentos, em vez de acusações. O que uma pessoa diz pode ser mais acusador do que ela imagina. Acusar transforma a outra pessoa em alguém que não quer ouvir, e isso impede que a briga possa ter alguma utilidade. No entanto quando ouve o interlocutor falar dos seus sentimentos abre a possibilidade de ouvir e entender.
- Fazer críticas construtivas. Essas são críticas que colocam a questão delicada, mas dão chance de o interlocutor aprender algo, defender-se, compreender o que se está reclamando; são o contrário das críticas destrutivas, que não dão alguma chance de saída ou bom uso.
- Não atacar a pessoa como um todo. Ao invés de colocar a questão como sendo o outro, apontar uma parte da pessoa, uma atividade ou uma função: *ao invés de "Você é um idiota!" passar a colocar: "Você* **agiu como** *um idiota!"*.
- Brigar primeiro; depois, conversar e resolver a questão. Briga e conversa não combinam. Na hora da briga, não se deve esperar resolver questões, embora esse possa ser o único momento em que se fale sobre tais questões. O hábito de conversar sobre a briga, bem depois do ocorrido, quando o assunto já tiver esfriado, abre possibilidades de conversas e novos contratos nas questões que já são conhecidas como perigosas e desencadeadoras de brigas e desacertos.
- Não empregar queixas poderosas, irrefutáveis e culturalmente sancionadas para tentar conseguir a aceitação dos seus argumentos. Isso seria usar álibis que impedem

a circulação. *Acompanhei um casal que procurou terapia ao perceber que, nas brigas, cada um usava argumentos que deixavam o outro sem ação. O que os afligia era que usavam argumentos ligados à preocupação e ao mal que cada um deles fazia com os filhos. Portanto, não estavam sendo úteis; pelo contrário, agrediam os filhos e agrediam-se mutuamente de forma muito profunda.*

- Relatar a mágoa ou a decepção que fundamenta a raiva. Uma pessoa fica mais inclinada a ouvir alguém relatar sua raiva (ou seja, dizer que está zangado) do que se a raiva for expressa (ou seja, se for alvo de palavras iradas).
- Usar descrições ao invés de acusações. Mostrar o que aconteceu, exemplificando e concretizando. Assim, ao invés de se machucarem à toa, melhoram cada um e um ao outro.
- Não brigar para descobrir ou provar quem ama mais a quem. Esse tipo de motivo para brigar é muito comum nas relações íntimas (pais e filhos, casais, amantes). Cria uma situação repetitiva e dificilmente provará o afeto.
- Não encostar o adversário na parede. Isto, além de desleal, pode ser perigoso caso o encurralado se sinta sem saídas, entre em pânico e reaja com mais intensidade.
- Não se colocar como se soubesse mais do outro do que ele mesmo. Este é um comportamento que deixa o outro impotente, pois quanto mais se defender mais vai confirmar o que o opositor diz. Além disso, impede uma briga leal, de duas pessoas que estão no mesmo patamar.
- Evitam usar estereótipos durante a discussão. Seja para agredir seja para se defender, as falas cristalizadas

levam a becos sem saída. *Por exemplo: "Isto é coisa de homem"; "Isto é coisa de mulher"; "Criança não faz isto".*

- Não ficar fazendo listas mentais (e ás vezes concretas!) de queixas e ressentimentos. Isto impede de enxergar a pessoa real, suas mudanças, a influencia do contexto, e vai sempre recriar as mesmas brigas.
- Não querer ser o terapeuta do outro ou curar o outro. Esse comportamento cria um desnível entre os participantes, impedindo que os dois lados enxerguem suas dificuldades.

### Cuidados importantes na briga

Para que realmente a briga possa ser construtiva, é necessário analisar alguns aspectos que ajudam a lidar melhor com as desavenças.

- Momento Certo

    Um número excessivo de brigas se agravam porque alguém "abrem fogo", quando o outro se encontra num estado de espírito pouco favorável. *Por exemplo, quando a outra pessoa está se preparando para sair, ou está tentando se concentrar numa tarefa, ou existem outros elementos que tiram o foco.* Uma boa estratégia é identificar os momentos insuportáveis para cada um, onde o desacerto poderia ser desastroso e evitar brigar nessas horas.

- Adiar Brigas

    Pode ser uma boa estratégia, desde que avaliando os ganhos e os riscos desse comportamento.

    O adiamento pode ser perigoso, no caso dos ressentimentos do parceiro, que sente ímpetos de brigar, se acumularem durante muito tempo, aumentando a pressão interna. As picuinhas de hoje podem se transformar na batalha de amanhã, com uma carga muito mais explosiva.

As brigas podem ser adiadas, desde que se converse e se contrate que falarão sobre o assunto mais tarde, **e**, preferencialmente, que já definam qual será este momento. Assim, o ressentimento da pessoa que está aborrecida será reconhecido, e não estourará no tempo de espera.

- Planejar Brigas

  Um modo de se obter resultados construtivos, no que se refere a hostilidades entre pessoas íntimas, é brigar mediante planejamento. Isso pode parecer uma tolice, mas quando um agressor organiza seus pensamentos com calma e deliberação antes de um combate, maior é a probabilidade de que seus argumentos sejam convincentes e de que o foco se mantenha numa única questão, em vez de ricochetear, atingindo todo o território em que se movimenta a pessoa íntima. O opositor se sentirá compelido a apresentar contrapropostas construtivas e com calma.

- Briga e Álcool/Drogas

  Os efeitos do álcool e de outras adições sobre as batalhas entre casais e familiares são difíceis de avaliar. O álcool e drogas levam a pessoa a dizer e fazer coisas com mais facilidade. O melhor é evitar brigar, quando os dois ou um deles estiver sob efeito de um desses elementos. Quando isso acontecer, a medida mais funcional é anotar os dados da discussão, os temas e a forma da briga nesse envolvimento, e voltar a falar sobre eles fora da situação alcoolizada ou drogadita.

- Lugar de Brigar

    Muitas vezes a compulsão em brigar impede que se avalie se aquele local é adequado para uma briga funcional. Condições espaciais, presença de pessoas estranhas à peleja, risco de exposição, entre outras características do lugar pode atrapalhar e piorar muito as brigas.

- Por Que, Como, Quando Brigar

    Geralmente as pessoas que brigam compulsivamente entram na peleja sem pensar e sem avaliar estas questões. Se os envolvidos compreenderem isso, podem fazer grandes mudanças combinando fazer estas perguntas antes, durante ou depois da briga.

- Risco Do Desabafo

    Desabafar é dizer coisas pessoais em altos brados, soltando tudo que está preso, deixando livre a expressão emocional. Produz certo alívio, mas pode magoar, ofender, humilhar e trazer consequências sobre o andamento da relação.

    Dependendo dos modos, da hora e das circunstâncias o desabafo pode ser pernicioso – mantém a situação, gera injustiças e leva a cair nas repetições – ou ser um desabafo funcional – expressa o que está represado mas possibilita conversar depois sobre os conteúdos, as necessidades, as dificuldades.

- "Ter Que Falar"

    Muitas pessoas acreditam que falar tudo que sente e pensa, "vomitar" suas insatisfações são bons comportamentos e coisa de gente saudável. Isto nem sempre é real.

Uma pessoa madura consegue perceber o que sente e expressar adequadamente, mas também sabe conter-se e segurar uma fala ou demonstração se ela não for adequada para aquele momento, aquela pessoa ou aquela situação.

Eu uso, para clarear essas possibilidades, a analogia com o sistema digestivo. Pode-se vomitar algo que se comeu e que não está fazendo bem, ou pode-se ficar com tudo preso na garganta ou no estômago impedindo nova alimentação, mas num sistema saudável, qualquer coisa que for ingerida sempre poderá passar pelo processo de digestão, e ser expelido de acordo com a condição.

- Cuidados Com As Críticas

    Fazer críticas é a coisa mais fácil do mundo. Principalmente, quando se está odiando o outro – e mais fácil ainda, se o conhece bastante e o vigia o tempo todo, como acontece nas relações íntimas. No entanto, as críticas feitas no calor da briga deixam marcas profundas e geralmente não são úteis, nem para o outro enxergar seus pontos criticados, nem para propiciar mudanças ou aprendizagens. Melhor será adiar as críticas para momentos de avaliação, conversa amena e recontrato.

- Certo, Errado, Culpados

    Se for esta a preocupação ao entrar numa briga, toda a possibilidade de aprender e reformular desaparece. Para mantermos a postura de enxergar "verdades", "certos" e "culpados", precisamos ficar rígidos olhando só um ângulo da situação, que comprove essa ideia. E esta postura empobrece a avaliação e a relação.

- Dificuldades Pessoais Nas Brigas

   As brigas, principalmente com pessoas íntimas, traz à tona questões pessoais ligadas às dificuldades emocionais de cada um.

   Se uma pessoa tem uma estrutura frágil de ego, ao brigar ela irá se desestabilizar de forma radical.

   É importante numa briga ter distanciamento para avaliar as dificuldades emocionais do outro para não desencadear situações irreversíveis.

- Dificuldade de Receber um Não

   Entre as dificuldades emocionais e relacionais, está a impossibilidade de fazer bom uso, de aceitar que o outro o rejeite ou lhe negue um pedido. Treinar e aprender a lidar com a negação e a rejeição facilita a vida relacional de um modo geral, e evita brigas desestruturantes.

- Dicas Que Não Devem Ser Ignoradas

   Muitas vezes, nos relacionamentos íntimos, as pessoas dão sinais do que lhe faz bem e do que não suportam. *Falas como "Gostaria que você não fizesse isso"; "Você tem de parar de me ignorar"; "Não me pressione demais"; "Gostaria que você tomasse uma posição" "Estou chegando no meu limite" entre outras, são uma comunicação do que realmente está acontecendo.*

   Mas, é impressionante como as pessoas não dão importância para esses recados. Ao invés de rever o relacionamento, seus comportamentos e atitudes, agem como se fosse uma bobagem, como se o outro tivesse dito sem querer ou sem ser verdade.

   Vale a pena perguntar e escutar.

### *Itens que não ajudam a relação e pioram as brigas*

- "Foi sem querer".

  Usar esta desculpa pelo que fez ou disse pode esconder algo inconsciente capaz de afetar a relação, algo que está sendo disfarçado e precisa ser reconhecido ou começa o distanciamento. Indica o começo de uma distância, de uma indiferença ou de um desinteresse – permanente ou temporário. É melhor avaliar o que fez e disse, ao invés de usar essa desculpa ou explicação.

- Emburramento.

  Emburramos, quando sentimos coisas bem ruins e não sabemos como nos livrar delas. É tão incômodo que ninguém o alimenta por querer.

  O tratamento universal para o emburramento é a acolhida carinhosa – sem palavras, sem dar nem pedir explicações.

- Acumular ressentimentos.

  Se a pessoa tem o comportamento repetitivo de refrear ressentimentos, o reservatório de agressões fica tão cheio que basta uma pequena discordância para transbordar e provocar uma desordem medonha.

- Atualizar o passado.

  Trazer para o contexto da briga conteúdos de brigas passadas, usar como justificativas eventos passados, retomar assuntos que já foram discutidos e renegociados. Não ajudam o momento presente e geralmente criam novas brigas.

- Transformar frustração em brigas.

  Trocas de insultos crônicas e redundantes constituem rituais de hostilidade de quem não tem habilidade em combater as frustrações, e que não sabe brigar com lealdade.

### *Pré e pós-brigas*

- Se as pessoas pudessem refletir antes de brigar, a maioria das brigas não aconteceriam ou seriam mais produtivas, pois o bom senso seria recuperado.
- Evitar brigas é difícil, se não impossível. Sempre haverá algum motivo que desencadeará algum confronto. Portanto, em vez de se dedicar inteiramente a evitar as brigas, é possível desenvolver a habilidade de se recobrar e mesmo de tirar proveito delas.
- Isso pode ser feito através de conversas sobre as brigas em momentos em que não há sinais de que elas possam acontecer. Conversarem sobre o que as desencadeia, sobre quais são os medos e riscos, os pontos fracos e fortes de cada um dos parceiros numa briga, e sobre outros itens que mapeiem a forma das brigas e as situações em que ocorrem.
- Nessas conversas, antes das brigas, é possível adquirir instrumentos para que cada um possa se acalmar e voltar ao bom relacionamento, quando elas acontecerem.
- Outra forma é juntar-se ao parceiro mais tarde, depois que passou a emoção da briga, para conversarem a respeito.
- O conhecimento de que cada um pode cometer erros e ter descontroles vai ajudar a se empenharem para

se recuperarem deles. Isso pode ser feito através da familiarização com o modo como cometem erros e com os efeitos que os mesmos produzem. Após cada briga, quando baixar a poeira, devem sentar-se para conversar e entender o que aconteceu.

Assim, cada briga servirá para terem mais conhecimento sobre si e sobre o outro, além de terem maior possibilidade de controle a fim de evitar brigas estéreis.

### *Avaliações importantes sobre brigas*

### Perguntas no início da briga

Estas são algumas perguntas que podem ser feitas, no momento em que a briga está começando. É um treino de responder a si mesmo; um exercício solitário, de autoavaliação com relação aos próprios motivos e sentimentos na briga.

Pode parecer difícil ou até impossível pensar tudo isto, ao estar começando uma briga, mas, se souber da importância disso, pode ir exercitando, sem exigências, mas com empenho.

- Estou simplesmente aborrecido ou realmente zangado?
- Até que ponto minha frustração pode ser extravasada sob a forma de hostilidade declarada?
- Disponho de provas concretas de que existe algo profundamente errado?
- Devo realmente brigar por causa disso?
- Até que ponto tenho medo dessa briga?
- Até que ponto tenho medo de ser rejeitado?
- Em que grau consigo tolerar as tensões dessa briga?
- Estou preparado para ser honesto e diplomático durante o confronto?

- Estou seguro de que identifiquei o verdadeiro problema e de que não estou a ponto de brigar por um assunto corriqueiro que, na verdade, disfarça um ressentimento mais profundo?
- Essa briga é realmente minha ou de mais alguém?
- Tenho realmente contas a ajustar? Ou quero simplesmente rebaixar e magoar apenas por um prazer sádico?
- Estou verdadeiramente convencido de que a ação ou a atitude do outro é má para o nosso relacionamento?
- O que está em jogo aqui?
- O que essa briga significa realmente para mim?
- Estou abordando-a por meio de argumentos e armas realistas ou exagerando e transformando essa história num bicho de sete cabeças?"
- Como o outro vai reagir?
- Que preço terei de pagar a fim de abrir meu espaço? O que será necessário para conquistá-lo?
- Valerá a pena arriscar-me por essa causa e em troca atrair uma possível retaliação ou má vontade do outro?

### Avaliação dos elementos da briga

Após a briga, pode-se avaliar como ela foi, e como foi a participação de cada um dos companheiros de briga. Os próximos itens darão algumas ideias sobre essa avaliação. O ideal seria os participantes na briga fazerem juntos, mas mesmo que só um faça já estarão criando condições de melhorar o relacionamento.

- Realidade.

Foi uma briga autêntica, onde a agressão dos participantes foi baseada em considerações justificáveis, racionais, que também pareçam reais e autêntica; ou foi baseada em embustes e teatralidade.

- Ataques.

  A briga foi baseada em lealdade, sem golpes baixos, mantendo a agressão dentro dos limites e da capacidade do opositor de absorvê-la; ou foi desleal e mesquinha, com golpes baixos e a agressão dolorosa e intolerável ao oponente.

- Envolvimento.

  Com que seriedade os participantes se envolveram com a briga, foi de forma ativa e recíproca com suficiente intercâmbio entre as partes; ou foi unilateral, onde um dos participantes exibiu uma atitude de desengajamento, fugiu da briga, evitou-a ou ficou manobrando.

- Responsabilidade.

  Vai avaliar se os participantes aceitaram a responsabilidade de se engajar ou reagir á briga sem procurar o apoio de terceiros; ou um dos dois declinou da responsabilidade de participar da briga evitando a responsabilidade por sua agressão ou atribuindo-a a terceiros.

- Humor.

  Conseguiram incluir o humor durante a briga, usando o comportamento bem-humorado, para proporcionar algum alívio; ou se obtiveram um prazer sarcástico, ao observar o oponente, quando este se mostra abatido, ridicularizando o outro ou sentindo prazer com seu sofrimento ou constrangimento, fazendo palhaçadas ou se mostrando irreverente quando o outro estiver sério ou perturbado, ou se tentou descaracterizar a preocupação do outro por meio de piadas etc.

- Expressão.

  A expressão da agressão foi aberta, transparente, sem disfarces, e foi sincero naquilo que disse e essa sinceridade foi evidente; ou a maneira como a expressou foi encoberta, sutil ou passiva de numerosas interpretações.

- Comunicação.

  A clareza de comunicação verbal ou física que ocorreu durante a briga foi transparente, fluiu abertamente, em quantidade, sem empecilhos, com reciprocidade e foi recebida efetivamente, com poucos mal-entendidos, e o "nível de ruídos" foi baixo; ou a comunicação aberta foi relativamente pequena, com muita estática interferindo, pouca atenção e receptividade, muita redundância ou incompreensão.

- Integridade.

  Até que ponto a agressão foi focalizada no aqui e agora do adversário e de suas ações corriqueiras, sem referência a situações irrelevantes ou que pertençam ao passado; ou a agressão foi relacionada com o adversário, mas direcionada para o passado, ou se foi deslocada para objetos que o adversário considera caros, tais como os filhos, outras pessoas ou coisas e valores.

- Especificidade.

  Esse item avalia o quanto os ataques e contra-ataques se referem às ações específicas, comportamentos diretamente observáveis, do adversário, a seus sentimentos e atitudes; ou foram usadas técnicas de briga que generalizam, interpretam ou, por exemplo, rotulam uma parte do comportamento do adversário com algo "típico" de um traço mais amplo da personalidade, o adversário foi "analisado" como alguém que pertence a uma ampla categoria ou padrão.

**Avaliação dos efeitos das brigas**

Esta avaliação é sobre as consequências da briga. Auxiliará a tomarem medidas para que a próxima briga seja mais útil e com consequências menos danosas.

- Mágoa.

    Este item mede a mágoa experimentada por um participante, seja como resultado de uma ação hostil, seja devido a falta de resposta por parte do adversário.

    A mágoa pode estar diminuída, se um participante se sentir menos atingido após a briga do que antes dela. E poderá estar aumentada, se a pessoa se sentir mais atingida, ofendida, enfraquecida, subjugada, rebaixada ou humilhada do que antes da briga.

- Informação.

    Esta categoria avalia o conhecimento que um parceiro adquiriu sobre seu relacionamento com o outro, sobre o outro ou em relação aquilo que atrai ou repele o companheiro.

    Poderá ficar sabendo de algo significativo, que ele desconhecia antes, ou se só tomou conhecimento de algo que já sabia.

- Movimento posicional.

    Este item avalia o quanto o participante acredita que as questões envolvidas na briga avançaram, graças à esta última, na direção da resolução de um conflito, desencadeando uma posição nova, mais clara, mais esperançosa; ou a posição relativa às questões envolvidas na briga se deteriorou por ter se tornado menos clara ou por permitir menos esperanças, em torno de uma solução eventual.

- Medo.

    Essa categoria mede como foi afetado pela briga o medo que o participante tem em relação a uma situação da briga (ou simplesmente o medo que ele tem do outro participante).

    O temor do combatente foi reduzido e ele sente que pode baixar a guarda; ou teve o medo aumentado e viu seu temor se intensificar para rechaçar os golpes.

- Confiança.

    Aqui se avaliam as modificações que ocorrem na confiança do participante, a ponto dele poder confiar no adversário, achando que o enfrentará com boa-fé, boa vontade e com uma consideração positiva, que brigará com lealdade e cumprirá os "contratos" com os quais concordou antecipadamente.

    Poderá ter a confiança aumentada se o participante sentir que o adversário é merecedor de mais confiança do que antes da briga; ou terá a confiança diminuída se, como resultado da briga, o participante se tornar mais cauteloso, menos confiante e sentir que o adversário é menos digno de confiança, tem más intenções ou manifesta menos interesse e respeito por seus interesses e sensibilidade.

- Vingança.

    Esta categoria avalia o que sucede com quaisquer sentimentos de retaliação ou de rancor; com sentimentos que envolvam ressentimentos e que abriguem a intenção de procurar uma futura vingança; ou que manifestem qualquer interesse por uma retribuição.

A briga não instigou ou intensificou sentimentos de vingança e as mágoas foram esquecidas ou perdoadas; ou a vingança foi estimulada, e o combatente que abriga sentimentos vingativos se encontrar mais perto de procurar oportunidades de retribuir no futuro.

- Reparação.

Nesta categoria avaliamos qualquer ação destinada a desfazer ou reparar injúrias ou que implique desculpas ou perdão.

A briga será de reparação ativa se o combatente fizer esforços ativos para reparar ou desfazer o mal que praticou e/ou acolhe bem as tentativas do adversário no sentido de aliviar a culpa por meio da reparação; ou a briga não mostrou nenhuma tentativa de encorajar a reconciliação ou as reparações, se foram rejeitadas as tentativas de reparação por parte do adversário, e se não permitiu que os sentimentos de culpa do adversário se dissipassem.

- Centralidade.

Nesta categoria registramos quaisquer modificações que ocorreram nos significados (e valores) profundos do participante, na medida em que se refletem no coração e no mundo particular do adversário.

Após o confronto, o combatente sente que "conta mais" para o outro e que obteve um significado mais profundo em seu coração; ou sente que ele "conta menos" do que contava antes da briga e agora ocupa uma posição mais periférica no coração do adversário.

- Autovalorização.

  Esse item mede quaisquer modificações nos sentimentos do participante relativos a autoapreciação – o quanto ele se valoriza ou, por exemplo, o quão justificado ou culpado se sente, após a briga.

  Poderá ter maior autovalorização caso se sinta bem em relação ao modo como brigou; ganhou autoestima e aceitou seu papel na briga; ou sentir uma perda de autoestima ou culpar-se pelo modo como se conduziu na briga.

- Catarse.

  Nesta categoria registramos até que ponto o participante saiu da briga com um sentimento de "purgação" ou de "limpeza", pelo fato de ter dado vazão às suas tensões agressivas.

  Pode se sentir aliviado se experimentou o alívio das tensões que se acumularam em seu reservatório de agressões, o que o levou a sentir-se bem; ou se sentirá inibido, porque não acorreu alívio das tensões ou se a briga intensificou as frustrações e tensões anteriores.

- Coesão-Afeto.

  A briga deixou-os mais próximos, se houve aumento da coesão e de atração pelo adversário; ou ficaram mais distante, caso a proximidade e a atração diminuírem.

### Autoavaliação após brigar

Esta é uma avaliação importante, para que cada um use a briga para seu aprimoramento pessoal. É básica também, para que cada um enxergue seu próprio funcionamento.

- O que aprendi com essa briga?
- O quanto fiquei magoado?

- Até que ponto o outro ficou magoado?
- O quanto foi valiosa para desabafarmos?
- Quanto foi útil para revelar novas informações a respeito de um, de outro e da questão da briga?
- O que penso a respeito das novas posições que chegamos?
- O que descobri sobre meu estilo de briga, da estratégia e das armas que adotei?
- Qual foi o desempenho do outro em relação a esses temas?
- Brigamos nos momentos e nos locais favoráveis?
- Brigamos demais, sem pausas e reabastecimentos?
- Estamos avaliando as brigas com lisura?
- Estamos extraindo das brigas novas informações, em número suficiente, e fazendo uso inteligente dessa recente compreensão?
- Somos vítimas de rituais repetitivos?

### *Adquirindo habilidades para brigar*

#### Humildade e pedir ajuda do outro

A possibilidade de aprender com as brigas – seja para mudar pessoalmente, seja para enxergar seu funcionamento, seja fazer alterações nas brigas e nas relações – pressupõe a existência de humildade.

Humildade é assumir, seus direitos e obrigações, erros e culpas sem resistir. A humildade é um sentimento de extrema importância, porque faz a pessoa reconhecer suas próprias limitações e fraquezas e agir de acordo com essa consciência. A pessoa que tem humildade usa de bom senso ao se avaliar em relação às outras pessoas, reconhecendo e admitindo suas falhas.

Ter humildade nas situações de briga, possibilita enxergar sua forma de desencadeá-las e mantê-las. E, então, com firmeza e bom senso, poderá encerrar o ciclo de brigas, se contendo ou pedindo a ajuda do outro participante.

*Um dos elementos de um casal que conheço, após muito exercício de humildade e bom senso, enviou flores para sua parceira com o seguinte bilhete:*

*"Cometi um erro e prometo que aprenderei com ele. Não sou um idiota teimoso ou uma pessoa que não consegue mudar. Agora que você me conhece melhor, perdoe-me, por favor, mas não se esqueça daquilo que aprendeu em relação às minhas fraquezas. Por favor, dê um sinal, quando a mesma coisa ameaçar se repetir"*

Certamente, com algo semelhante, muitos processos de brigas estéreis podem ser estancados.

### Sinalizadores de "terreno minado"

Todas as pessoas podem saber – com maior ou menor nível de consciência – quando estão pisando "terreno minado". São situações em que já sabem que vai dar alguma confusão. Seja desencadeando uma briga, seja piorando o desenvolvimento dela.

Um ponto muito importante é desenvolver a percepção dos sinais que antecedem ou apontam para estas situações. Após mapear esses sinalizadores é só fazer bom uso disto: adiando ou evitando brigar, ou tomando muito cuidado para não falar ou fazer coisas irreparáveis.

### O que no outro me desestabiliza

Existem momentos em que não se consegue ter controle sob uma situação, pelo fato de que o comportamento ou a fala do outro desencadeia reações intensas dentro da pessoa. Não importam os motivos dessa desestabilização, sempre acaba reagindo de forma que não é útil ou adequada.

Saber quais ações do outro desencadeiam essa reação é um exercício muito importante, para ter possibilidades de escolhas, antes ou durante uma briga.

Quanto mais perceber, mais controle pode ter sobre a briga e sobre as próprias reações.

### Romper limites

Em todo relacionamento, além dos contratos formais, existe um contrato sutil entre os envolvidos sobre os limites da relação. Coisas que não podem ser ditas, atos que não podem ser feitos.

As pessoas podem ter consciência plena sobre esses limites ou não; podem conversar sobre eles ou ter só um acerto tácito.

Quanto mais funcional a relação, mais explícito esse acerto será. Mais ele será negociado e discutido.

Quando, numa briga se rompe esse limite – dizendo ou fazendo coisas que não deveria/poderia – a relação sofre um duro golpe. Muitas vezes o relacionamento não consegue sobreviver. E, se sobrevive, a tendência é manter aquele limite ultrapassado, e nas próximas brigas, ir cada vez mais rompendo os limites. Quando isso acontece, a qualidade da relação se deteriora.

A forma de evitar este efeito de estourar os limites é conversar sobre, e definir contratos claros sobre a questão.

*Acompanhei um casal, cuja relação estava em risco pelos limites arrebentados na sequência de brigas. Primeiro foi xingar de forma pesada; se acostumaram com isto e, aos poucos, foram rompendo barreiras de delicadeza e cuidado, até chegarem à agressão física. Muito assustados procuraram terapia de casal. Tinham um profundo afeto e não queriam romper a relação. Fizeram, então, um contrato claro e firme, onde definiam sinais e palavras que usariam nas brigas, quando se percebessem chegando perto do risco de terem atitudes semelhantes às que haviam tido antes da terapia.*

### Confundir conversar com brigar

Sem conversa, uma relação não evolui. No entanto, é necessário saber que conversa é uma forma de circulação da relação, e para que ela seja funcional, deve manter certos parâmetros e cuidados, para não cair numa briga descabida.

Algumas pessoas evitam conversar, por não saber manter o limite da conversa, e por temer enveredar para uma briga. Para outros, toda conversa se transforma em briga.

Se duas pessoas percebem que isso acontece com eles, podem definir critérios para uma boa conversa, tanto individualmente como de comum acordo.

Um bom acerto possibilitará que tenham certos cuidados, para que a conversa ajude a relação.

### Metacomunicação

Teoricamente, metacomunicar significa comunicar-se sobre sua comunicação; conversar sobre seu padrão de conversa.

É uma conversa sobre os sentimentos vividos durante a briga, sobre a confusão entre as palavras (o que significa para cada um, que uso fazem), sobre como eles desencadeiam as brigas e as formas de evitá-las.

Para que a metacomunicação realmente funcione, ambos os participantes precisam ter:

- a mesma disponibilidade,
- o mesmo nível hierárquico,
- a mesma possibilidade e
- o coração aberto.

Não é uma conversa fácil, mas quando se consegue, é como se os participantes se elevassem a um nível superior de relacionamento.

## Jogo do sem-fim

É um conceito que demonstra como as relações muitas vezes desenvolvem determinados jogos relacionais, onde o que um faz, desencadeia o comportamento do outro, que desencadeia automaticamente o seu.

Este padrão de relação aprisiona os dois envolvidos. É desagradável ou perigoso, e completamente automático.

A forma de encerrar o jogo do sem-fim, é criando uma regra que defina o final da interação, através da metacomunicação.

No caso das brigas, os envolvidos podem combinar algo a fazer, quando perceberem que estão presos no mecanismo do jogo do sem fim.

*Já ouvi sobre um casal, que combinou que, quando um deles percebesse que estava preso neste jogo, deveria falar imediatamente o oposto, do que estava argumentando. Esta estratégia era tão desorganizante, tão inesperada, que fazia com que parasse de manter o jogo. E isso possibilitava que ele encontrasse outras saídas.*

*Uma família combinou uma frase a ser dita, quando dois deles estavam neste comportamento e alguém percebia. A frase era "Minha avó morreu, correndo atrás do cavalo". Inicialmente, quando alguém falava a frase, chocava, mas muitas vezes criava novas brigas. Entretanto, com o passar do tempo e a repetição dessa interrupção, foram conseguindo mudar o padrão recorrente.*

## Usando o bom humor

Conseguir rir de si mesmo é a suprema virtude, e pode ser usado para interromper o mal-estar gerado pelas brigas.

É importante ter consciência e controle do seu humor, para não cair no risco maldoso do desprezo e da ridicularização do outro.

O humor bem colocado dá leveza e traz humildade para as aprendizagens pós-brigas, desde que não tragam junto sarcasmo ou ironia.

Nos relacionamentos é interessante enxergar o humor do outro e as formas de acessá-lo, além do seu próprio.

**Examinar a comunicação ocorrida na briga.**

Muitas avaliações após a briga podem ser reveladoras, mas, diagnosticar até que ponto o atual nível de comunicação é eficiente ou ineficiente fará muita diferença no bom uso das brigas.

Algumas avaliações são importantes:

- Cada um dos parceiros é honesto e transparente?
- Cada um deles teve a oportunidade de dizer ao outro aquilo que o está perturbando?
- Cada um deles compreende realmente o que o outro procura?

A partir dessa avaliação pode-se investir em melhorar o padrão de comunicação individual e nos relacionamentos, treinando o que está fraco, ou evitando o que é disfuncional.

**Estilo de brigas**

As pessoas íntimas tendem a esquecer e perdoar quase todos os conteúdos malignos de uma briga; elas porém se recordam de um estilo ou processo de briga desleal, lesivo ou grosseiro.

Prestar menos atenção ao motivo da briga, e mais ao modo como brigaram é um bom exercício. Não é o que se diz, mas o modo como se diz.

E, a partir dessa avaliação, um bom treinamento para a próxima é desenvolver um bom estilo de briga, melhorando o modo como falam com o outro.

**Sim...., mas sim ..., mas...**

Toda vez que se diz SIM, numa discussão, o opositor é de alguma forma neutralizado, pois não se dá sequência ao crescimento da disputa.

Não estando de acordo com o conteúdo do que o outro diz, dizendo SIM, terá a atenção do outro e então, poderá completar a frase com o *mas...* ou o *e...*, e acrescentar dados do seu ponto de vista.

Isso, traz uma sensação de ser qualificado, tanto para o que ouviu a concordância do outro, como para quem usa esta estratégia para colocar seu ponto de vista.

### *Terminar uma briga*

Existem momentos em que se pode obter benefícios em prolongar uma briga, e outros em que é melhor deixar a briga arrefecer, ou deixar para mexer mais tarde.

É muito importante saber começar adequadamente uma briga, mas, tão ou mais importante é saber a forma de encerrá-la. Encerrá-la propondo retomar, quando estiverem mais calmos ou o contexto for mais adequado; encerrar, cedendo mesmo sem estar convencido; encerrar, salientando que não está em condições de ter uma briga justa ou útil. Cada um desses argumentos servirá para situações específicas, e precisam ser treinados e usados, quando for útil.

Qualquer um dos envolvidos pode encerrar a briga, assumindo a responsabilidade desta decisão. Da mesma forma, ao propor adiar, é a ele que cabe retomar a conversa de acordo com o que disse.

### *Reconciliação*

Reconciliação é um processo amoroso. Uma briga que leva a um distanciamento pode se encerrar com uma reaproximação e uma reconciliação.

Alguns cuidados são importantes para que as atitudes da retomada sejam de forma a não repetir a briga igual à anterior. São cuidados para não fazer qualquer coisa que possa parecer falsa.

Outra forma é mostrar o que existe de melhor nos envolvidos e as descobertas realizadas através da briga, e assim indicar que estão decididos a fazer as pazes e não repetir o que não funcionou.

Cada pessoa tem seus mecanismos, sendo que o humor pode ser um instrumento valioso para se fazer as pazes e restaurar a boa vontade.

★ ★ ★

Os itens acima, servem de parâmetros para avaliar a qualidade das brigas. Servem também para apontar os aspectos que precisam ser melhorados, os ângulos que poderiam ser levados em consideração.

Usando bem essas indicações pode-se evitar **brigas destrutivas** – que desunem; que machucam; que minam a autoestima; que não tem utilidade- e ir aprendendo a desenvolver **brigas construtivas** – que ajudam a crescer, aprender e aprimorar; que desenvolvem a autoconsciência; que desencadeiam mudanças.

# IV. Brigas na família

## Espaço Familiar

*Por que se briga mais em família*

O espaço familiar é onde as pessoas se sentem com mais permissão para exercer seus direitos, e entre esses direitos está o de expressar o que de pior existe em si. Os piores comportamentos, ações e reações de que somos capazes nós os realizamos em casa. Neste sentido, em família pode quase tudo. Mostrar-se como não se mostra no social, fazer o que é "feio" fazer fora de casa, "vomitar" o que se segura na rua. Em público nos comportamos melhor do que em casa.

Outra razão de brigarmos mais com os membros da família, é porque no seio desse grupo existe uma dança dos desiguais. Ou seja, mesmo sendo do mesmo clã, existe uma diversidade de poder, de hierarquia, de momentos do ciclo vital. Então, no dia a dia muitas dificuldades vão se somando, criando situações de estresse, de debates, de enfrentamentos.

Pessoas enxergam as coisas de modos diversos e têm diferentes expectativas. As brigas em família possibilitam fazer uma checagem das opiniões pessoais com o que é importante para os outros.

Existe uma metáfora interessante sobre relacionamentos/brigas familiares que mostra bem como acontece e que bom uso se pode fazer da convivência familiar. É a metáfora da pedra rolada, que é aquela pedra que é completamente lisinha e arredondada em toda sua superfície. Ela não surgiu assim. Inicialmente era uma pedra tosca, cheia de rebarbas. Ela só ficou lisinha após muitos e muitos embates com todas as outras pedras que conviveu. Assim é o burilamento que sofremos na lida familiar. Aos poucos, vamos perdendo as arestas, ficando mais brilhantes e lisos. Mas, isto só acontece se tivermos outros – nossos familiares – para chocarem-se conosco, e irmos nos lixando em conjunto.

Se olharmos as brigas com uma visão linear, ficaremos preocupados com riscos relacionais, com a preocupação de que todos devem ter opiniões semelhantes, e que brigar põe em risco as relações.

Mas, se olharmos sistemicamente podemos ver as possibilidades de crescimento que surgirão através das brigas e das checagens das diferenças. E inclusive as crianças terão a oportunidade de usar as brigas da família como fontes de crescimento emocional.

As brigas familiares podem ocorrer por:
- competição pela liderança;
- para descobrir quem cada um é;
- para descobrir o que cada um gosta, aceita, precisa;
- para definir a estrutura da autoridade;
- para resguardar a privacidade;
- para não perder a integração familiar;
- por choque de ideias;
- pela intromissão de pessoas de fora (avós, namorados, amigos);
- para lidar com a solidão;

- para conseguir lidar com o terceiro na relação (entrada de novos membros);
- e por mais uma infindável lista de razões que todas as famílias têm, e outra infindável lista que cada família tem, em função da sua história, funcionamento e dificuldades.

### Aprender a brigar X Ensinar a brigar

Os terapeutas e estudiosos de família e terapia familiar dizem que o casal é o arquiteto da família. Então o que acontece com a família e seus membros, de várias formas, já está definido quando o casal se forma. O projeto que eles criam – principalmente os aspectos inconscientes desse projeto – vai definir o que vai acontecer no funcionamento familiar.

Existe, inclusive, a teoria de que nos primeiros 5 minutos em que o casal se conhece define-se as bases da estrutura de funcionamento que o casal vai ter. E, por conseguinte, que a família que um dia formarão vai ter.

Durante o largo tempo que trabalho com casais e famílias, enxergo inúmeras vezes, a confirmação dessa ideia. Não com relação aos conteúdos e historias, mas o jeito de se relacionarem, o padrão que eles têm na relação entre eles.

E, desta forma, o lugar e o jeito que a briga se insere na relação do casal, irá passar para a relação familiar e ensinará aos filhos o que é briga, como se briga, o que se faz com as brigas.

Na estruturação da família, várias situações – importantes e necessárias – podem gerar brigas dentro da família. Entre elas, as ligadas à forma como lidam com os seguintes assuntos:

- propósito ou não do casal de criar uma família quando iniciou a vida em comum;
- esforços do casal para efetivar seu propósito inicial de construir a família;
- o casal ter um objetivo comum ao constituir a família ou terem objetivos diferentes;
- o casal conseguir se libertar das influências das famílias de origem ou não;
- o casal saber que conflitos são positivos, se bem usados ou o medo deles;
- o casal descobrir formas de solucionar seus conflitos, "desatando os nós sem desfazer os vínculos";
- o casal conseguir dar espaço para satisfazer as necessidades individuais, necessidades de casal e necessidades de desenvolvimento familiar;
- o casal expressar os sentimentos;
- o casal responder à expressão de sentimentos dos outros membros da família;
- a família respeitar a necessidade de isolamento e solidão dos seus membros;
- todos os membros da família terem responsabilidades e tarefas na organização familiar;
- todos os membros da família aprenderem a ter consciência e controle dos comportamentos e da expressão de frustração;
- todos os membros da família aprenderem a escolher e responsabilizar-se por escolhas e atos;
- todos possibilitarem a checagem de competências e limites;
- todos poderem, ou não, participar das confraternizações familiares;
- todos poderem se separar da família;

- todos respeitarem a necessidade de amor e afeto de cada membro da família;
- todos saberem aceitar as formas diferentes de expressão de afeto;
- todos respeitarem a necessidade de apoio e segurança de cada um;
- todos aceitarem a necessidade de cada um ser respeitado;
- todos terem facilidade em dizer não e colocar limites;
- todos compreenderem a necessidade de desafio;
- todos orientarem sem impor;
- todos respeitarem a necessidade de autodeterminação e liberdade;
- todos saberem usar o senso de humor.

### *Tarefas de pais e filhos*

Nos últimos tempos, a partir das mudanças sociais e familiares, muitos pais e filhos encontram-se confusos com o que é certo e errado, justo/injusto, direitos /deveres tanto dos pais como dos filhos.

Minha forma de lidar com essas questões no atendimento das famílias, é saindo dessa área que sempre gera polêmicas e dá margem a muitas mágoas, brigas e desacertos e focar nas tarefas tanto dos pais como dos filhos. Essa mudança de ângulo tem trazido mais discernimento para pais e mais crescimento para filhos.

Saber que existem tarefas a serem desempenhadas por todos, ajuda a manter o foco, respeitando o jeito próprio de cada um.

### Tarefa de pais

*Nutrir*

- Nutrir engloba desde a alimentação básica até nutrir de carinho e experiências emocionais.

- Tudo que é ligado ao dar ao filho, de acordo com a idade e as necessidades.

*Conter*
- Desde o berço pequeno, que dá segurança, até ser continente da emoção do filho, dar colo e cuidar.
- Tudo que é ligado a ser moderador (da birra, da dor, da frustração)

*Lidar com frustrações e limites*
- Desistir de ser amado pelo que dá
- Ser moderador da raiva, tristeza da frustração (aprendendo a lidar com a sua)
- Ampliar a formas familiares de lidar com limites e frustrações
- Abrir a possibilidade de trabalhar na potência e competência
- Limite dá amor e segurança
- Filho tem que pedir o que quer para se comprometer

*Organizar o mundo dos filhos*
- Criança não nasce sabendo mas aprende tudo
- Importância de horários, rotinas, espaços para tarefas e atividades dá segurança e potência
- Espaço pessoal da criança: treinar seu jeito e aprender a organizar e respeitar espaços e jeitos diferentes

*Orientar*
- Informação, ensinamentos, treinar o novo até ser uma aprendizagem sólida
- Primeiro precisa de modelo, depois descobre o seu jeito
- Ensinar, treinar, supervisionar

*Controlar*
- Importância de ter controle do que está acontecendo com seu filho : onde está, com quem
- Controle a autonomia devem ser adequados à idade e à competência
- Liberdade e direitos se ganha provando competência

**Tarefas de filhos**

*Aprender com os pais que têm*
- Não existe o melhor pai
- Cada pai traz ônus e bônus
- Dificuldades relacionais pressupõem aprender e fortalecer-se para a vida

*Aprender a conectar e expressar suas emoções*
- Perceber o que sente
- Não se culpar pelo que sente
- Expressar o bom e o ruim

*Aprender a lidar com frustrações, regras e limites*
- Organizar a vida
- Se responsabilizar
- Aprender novas formas de lidar
- Se preparar para os desafios da vida

A clara definição, no seio da família, dessas tarefas pode facilitar o relacionamento familiar e o crescimento de todos os seus membros. No entanto, se isso não está claro para os pais, se eles não estão de acordo entre si com essa organização, pode trazer dificuldades e alimentar muitas brigas inúteis ou até destrutivas.

Na execução dessas tarefas muitas brigas podem surgir, mas podem ser brigas de redefinição, de contratos novos, de outras aprendizagens familiares.

### *Aprendizagens familiares*

Muitas brigas dentro da família acontecem para desenvolver aspectos emocionais que os membros dela não sabem lidar. Essas aprendizagens são especificas de cada família, mas sempre englobam temas que são difíceis e que trazem à tona os preconceitos, as incapacidades, a rigidez.

- Aprender a lidar com sentimentos ternos e com sentimentos agressivos.

  A maioria das famílias tem alguma dificuldade em expressar, respeitar e circular tanto os sentimentos ternos como os agressivos. Dependendo do funcionamento de cada família, terá mais facilidade ou dificuldade com uns ou com os outros. No exercício das brigas familiares, a expressão e a integração de todos os sentimentos podem ser treinados e aprendidos.

- Aprendizagem dos pais ao lidar com a briga dos filhos.

  A maioria dos pais tem muita dificuldade em aceitar e administrar a briga dos filhos. Se ficarem atentos em quais sentimentos estão sentindo, que dificuldades suas vêm à tona, poderão, ao lidar com seus próprios sentimentos, compreender, aceitar, respeitar e administrar as brigas entre irmãos, dando segurança aos filhos.

## Pais

### *Briga do casal que sobra para os filhos*

Os terapeutas e teóricos de família sabem e enfatizam sobre a importância dos conflitos conjugais no desencadeamento de sintomas dos filhos. Em muitos casos o sintoma aparece no comportamento dos filhos na escola e com os irmãos. Falta de limites, irritação, falta de controle podem ser a mostra de algo que está acontecendo no espaço de casal, e que o filho está sentindo e demonstrando.

Uma criança muito irritada e briguenta, seja na escola, no social ou dentro da família, pode ser uma criança que não está encontrando outra forma de expressar e descarregar a ansiedade, que vive e presencia na relação dos pais.

Sabe-se que pessoas com autoestima reduzida fazem a escolha do cônjuge para, de alguma forma, conseguir ou melhorar sua autoestima. Sabe-se, também que, quanto mais baixa a autoestima, mais dificuldade a pessoa, ou o casal, tem para aceitar as suas diferenças e discordâncias.

Casais funcionais discordam e negociam explicitamente; casais disfuncionais fazem demandas e acusações veladas, criticam e acusam sem explicitar seu desagrado ou desejo.

Essas dificuldades e decepções conjugais influenciam o filho. Na maioria das vezes, desiludidos com o casamento, sem aumentar ou conseguir manter seu amor-próprio, usam o filho como prova do seu valor e competência perante a sociedade e a família extensa, ou para provar que o filho gosta deles ou como uma concretização do que eles não puderam fazer. A criança fica então, sobrecarregada com essas demandas e passa a se defender fazendo sintomas. Brigar repetitivamente e como reação à estímulos muito pequenos pode ser um desses sintomas.

Sem consciência desses sentimentos muitos pais forçam os filhos a terem determinados comportamentos. E muitas brigas surgem a partir disso.

### Brigas ou separação dos pais

Pai e mãe são primordiais na construção da segurança interna de uma pessoa. Quando eles brigam demais ou se separam brigando, a sensação de segurança sofre um abalo; mínimo ou desastroso, dependendo da forma e do conteúdo desse embate.

Pais responsáveis se esforçam para não prejudicar os filhos numa briga ou separação. Para preservar a criança alguns cuidados são importantes:

- Não criticar as atitudes do pai ou da mãe com relação ao que
- ele/ela faz na relação com o filho
- Não desqualificar as atitudes do outro progenitor
- Não mostrar só os erros
- Não apontar nos filhos o que critica no cônjuge
- Não ser irônico e mordaz com as opiniões do filho sobre o pai ou a mãe.

É primordial lembrar que aquela pessoa por quem, num dado momento, você sente muita raiva, tem mágoa e vontade de vingança, é uma pessoa muito importante na vida do seu filho, tão importante quanto você. É muito devastador ver alguém atacar e destruir uma pessoa que se ama e que não se pode defender (porque não tem elementos, porque não tem coragem ou porque tem medo).

Outro mau hábito dos casais em crise é usar o filho como arma nos conflitos conjugais. Eu chamo de usar o filho, seus sintomas, suas dificuldades, suas habilidades como "bucha de canhão". O filho fica sem defesa alguma e sai da situação tendo perdas dos dois lados: daquele que o usa, pois é sinal de falta de respeito usar alguém, e daquele que foi o foco, pois corre o risco de ser retaliado por ele.

Outra possível confusão é deixar o filho envolver-se ou exigir que ele se envolva nas brigas e dificuldades do casal. O filho não deve ter o poder de definir questões dos pais. Isso não é do seu departamento, ele não tem tarefa de cuidar ou decidir a vida dos pais. É uma inversão hierárquica que só traz danos para a estruturação do jovem ou da criança.

Se os filhos acompanham as brigas, é útil clarear que os pais estão com dificuldades, mas que estão lidando com isso, que isso faz parte do trabalho de manter a relação em crescimento – juntos ou separados. Não se pode esquecer de também mostrar os momentos de harmonia, e compartilhar com os filhos quando os problemas concretos forem resolvidos. Assim, os filhos aprendem a lidar com o fluxo dos acontecimentos e das mudanças; aprendem que a vida tem bons e maus momentos.

Uma situação que acontece com frequência é a dificuldade dos filhos do casamento que se desfez em aceitar novas relações afetivas dos pais. Os pais necessitam de bom senso nessa hora:

- respeitar a dificuldade dos filhos, mas sem abrir mão das suas necessidades;
- não apressar ou forçar o contato da nova pessoa com os filhos resistentes;
- não cortar ou diminuir o tempo com os filhos a partir da entrada da nova pessoa;
- não esconder que está envolvido com outra pessoa;
- não abrir mão de nova relação afetiva para agradar os filhos.

Muitas brigas nestas situações ocorrem pelo fato de que todos os envolvidos se sentem deslocados, culpados, magoados, ressentidos. Consciência dos próprios sentimentos – medos, mágoas, desejos – associado à boa vontade e paciência pode evitar brigas e desentendimentos.

### Brigas por divergências na educação dos filhos

É comum que os pais tenham divergências sobre a educação dos filhos sobre valores, hábitos, rotinas, regras. Isso faz parte da riqueza dos relacionamentos e em si não gera maiores dificuldades. O que pode prejudicar os filhos é a forma que os pais usam para lidar com as suas diferenças e divergências.

Muitas vezes, no momento da crise conjugal, os pais fazem uso dessas diferenças para atacar o parceiro ou seduzir o filho para a sua versão dos fatos.

Mesmo fora das crises, no dia a dia, é comum as divergências serem usadas na briga do casal como prova da incompetência do outro, como exemplo da displicência ou má vontade.

Por menor que seja a criança, ela pode compreender que os pais são pessoas diferentes, pensam e gostam de coisas diferentes. No entanto, é importante manter alguns cuidados.

- Manter uma postura unida e coerente com relação aos limites, liberdades e independência dos filhos. Quando é esse o departamento das posturas divergentes, é necessário que os pais resolvam entre si – longe dos filhos, e definam – negociando, cedendo, discutindo – quais são as decisões, como uma definição dos pais. Se isso não acontecer, e os filhos perceberem que os pais além de divergirem, se boicotam ou se desqualificam, poderão usar isso, das mais variadas formas para ter poder perante os pais, e assim neutralizarem os limites e definições.

- Conforme os filhos forem crescendo, é possível mostrar as diferenças de opiniões como formas diferentes de ser e pensar. Isso ensina aos filhos a lidar com diferenças e com escolhas.

### *Invasão do subsistema conjugal*

Na briga do casal, os pais podem – com consciência e intenção ou completamente sem perceberem – usar os filhos como alvos, mediadores, espiões, mensageiros, advogados, tradutores, monitores, árbitros, cupidos, plateia. E dependendo de como os filhos se acomodam ou não aceitam essa condição são envolvidos e se envolvem na guerra conjugal. E isso não é saudável nem funcional.

Alguns casais, ao se tornarem pais, não mantém um limite claro entre parentalidade e conjugalidade. Podem misturar os dois, ou excluir um, normalmente a conjugalidade, assunto tratado com mais detalhes no livro "O casal nosso de cada dia", Artesã Editora. O sistema conjugal (casal, amantes, intimidade sexual, cumplicidade, projetos dos dois) precisa ter seu espaço simultâneo ao sistema parental (projetos de família, criação de filhos, tarefas de pais). Confusões nesses espaços vão desencadear disfuncionalidades na criação dos filhos, no desenvolvimento da família, gerando brigas e situações difíceis.

Um dos grandes álibis dos pais em conflito conjugal é de que o outro cônjuge é o mais culpado; não é um bom pai/boa mãe. Se os pais puderem ter clareza de limites, papéis, funções diferenciadas do seu subsistema conjugal e do subsistema paternal, poderão isolar seus conflitos conjugais nos momentos de proteger os filhos, e estes lucrarão muito, emocional e relacionalmente.

Muitas brigas de casal e muitas brigas de um dos pais com os filhos acontecem numa tentativa de manter ou retomar o espaço conjugal. É uma forma -consciente ou não- de tirar o filho, ou forçar o cônjuge a tirar o filho do espaço de intimidade, que deve ser só do casal. Quando os pais percebem isso, podem redefinir o que é só do casal, e reforçando sua aliança ajudar os filhos a organizarem seu próprio espaço.

## Brigas entre irmãos

### *Sistema fraternal*

A família vista como um sistema vivo é composta de vários subsistemas, conforme apresentado no livro "Pais e filhos - Uma relação delicada", Artesã Editora, Belo Horizonte.

Um dos subsistemas básicos da família é o subsistema fraternal/filial, que é composto pelos irmãos/filhos.

A função mais importante desse subsistema é ser o primeiro laboratório social das crianças. É nesse espaço que eles vão exercitar as várias aprendizagens com relação aos comportamentos que mais tarde terão no mundo externo.

Direito à privacidade; ocupação de espaço; respeito às diferenças; exercício do poder pessoal; aprender a pertencer e a separar-se; lutar pelas suas necessidades e direitos; lidar com ciúme, rejeição, solidão, intimidade – são algumas das aprendizagens que acontecem nesse espaço familiar e que podem desencadear brigas e enfrentamentos.

A forma como os pais lidam com esse espaço dos filhos pode ajudá-los ou atrapalhá-los no seu desenvolvimento. Eles irão lidar com os filhos e suas brigas dependendo:

- de como individualmente viveram sua história com seus próprios irmãos
- de como lidam com brigas na sua vida adulta, e também,
- de como o casal/pais lidam com as brigas entre si.

### Brigas entre irmãos

O campo emocional do relacionamento entre irmãos é muito rico e oferece várias oportunidades para desenvolver habilidades de convívio, inclusive a capacidade de fazer acordos, oferecer ajuda, construir planos em conjunto.

Os principais sentimentos que servem de combustível para as brigas entre irmãos são:

- o ciúme,
- a insegurança,
- a necessidade de competir pelo lugar de destaque,
- o medo de ficar em desvantagem,

Para que os irmãos aprendam a ter boas ideias para resolver seus conflitos, é importante que os pais interfiram o mínimo possível nas brigas entre eles, estimulando-os a criar soluções satisfatórias entre ambos. Quando sistematicamente tomam partido de um deles intensificam o ressentimento e a revolta do filho criticado. Os filhos que são sempre socorridos nas brigas com os irmãos ficam menos estimulados a criar suas próprias saídas.

Tentar ser o juiz na briga dos filhos inevitavelmente resulta em injustiça. Até porque existem irmãos que se especializam em implicar com o irmão de modo discreto, porém altamente eficiente, para enlouquecer o outro de raiva.

*"Foi ele que começou"* é o argumento mais usado para que o outro seja castigado, mas, deve-se lembrar que se continuou, também contribuiu com a briga!

O que importa é como vão resolver a questão, aproveitando a briga como oportunidade para aprender a resolver conflitos. Todos ganharão aprendendo a controlar a própria raiva de modo que ninguém se machuque.

### *Brigas que os pais não brigam*

Muitas vezes, pais que evitam compulsivamente brigar, têm filhos que brigam muito entre si. E, ao avaliarmos o conteúdo e a forma que esses filhos usam para brigar, fica claro que estão brigando a briga que os pais não estão brigando.

Isso pode estar acontecendo como uma forma inconsciente de trazer à tona as questões que os pais estão evitando. Ou como uma forma de aliviar a tensão gerada pelas coisas não ditas, não circuladas.

Algumas vezes, quando os pais têm algo um contra o outro, e não estão lidando com essas questões na relação deles, podem depositar nos filhos, transferindo para eles essa briga. Cada filho pode tomar o partido de um dos pais e desencadeiam brigas entre si.

### *Brigas entre irmãos adultos*

Inúmeros motivos levam irmãos adultos a brigarem, mas existem dois tipos de desencadeantes dessas brigas, que merecem ser olhadas mais detalhadamente.

- Brigas por situações do passado – muitas pessoas que viveram situações delicadas na infância ou adolescência e que acreditam que os irmãos foram responsáveis por essas questões, podem levar esses sentimentos negativos para a vida adulta e em função deles terem a relação com os irmãos recheada de brigas.

As mágoas, ressentimentos, sensação de injustiça que foram desencadeadas no passado serão reativadas e retomadas nas novas e constantes brigas.

Os envolvidos podem ter consciência total ou parcial dos seus sentimentos passados e atuais. E, os conteúdos que desencadeiam as brigas podem ser diferentes mas os sentimentos e a forma de brigar são os mesmos ou semelhantes aos antigos.

- Brigas para atacar ou se vingar dos pais – vivências difíceis no processo de desenvolvimento, e que deixaram profundos ressentimentos e mágoas com relação aos pais, podem ser o conteúdo emocional que desencadeia brigas com os irmãos. E neste caso, o que mobiliza é atacar os pais, ou vingar-se deles, ou ainda o desejo de que os pais finalmente corrijam as injustiças ou agressões feitas no passado. E como isso não acontece, criam-se novas razões para novos ataques e novas brigas.

## Brigas entre pais e filhos

Criar filhos é uma difícil tarefa. Sem dúvida existem boas e prazerosas situações nessa função, mas as brigas são inevitáveis, as tristezas e os sofrimentos também.

Algumas situações desencadeantes de brigas são específicas de cada família, mas na maioria delas os desencadeantes são semelhantes.

## *Falta de limites dos filhos*

Algumas distorções na tarefa de criar e educar filhos levam os pais a afrouxarem os limites impostos aos filhos.

Algumas das razões que estão por trás das dificuldades parentais de exercer limites e controles no desenvolvimento dos filhos são:

- achar bonitinho, engraçadinho a independência precoce dos filhos;
- desejar fazer o oposto do que seus próprios pais fizeram com eles;
- confundir amor com permissividade;
- ter medo que o filho deixe de amar os pais se estes forem firmes;
- suas próprias dificuldades em lidar com limites.

E aquilo que era flexibilidade com os filhos bebezinhos, vai se desenvolvendo numa frouxidão de limites conforme eles vão crescendo, até se transformar numa inversão hierárquica onde os pais têm medo dos filhos, se sentem sem condições de colocar suas exigências e desejos ou soltam de vez sua função de autoridade.

Brigas na tentativa de colocar limites, brigas por exaustão, brigas por desespero. E o espaço familiar se transforma em um ringue de luta, numa guerrilha ou guerra armada.

Quanto mais antiga ou intensa a falta de limites mais firmeza será necessária para retomar a hierarquia, recontratar todas as questões e os pais passarem a exercer sua autoridade e seu direito de colocar limites.

### *Brigas para agredir o parceiro*

Tendo em vista que a maioria dos pais ama seus filhos, deseja o seu bem-estar e fica mal quando algo ruim acontece com seu rebento, muitas pessoas no intuito de atingir o parceiro/parceira atacam a criança, agredindo ou negando seu afeto à ela.

A criança fica num estado confusional, com muita ansiedade e presa numa situação sem saída. Se, ousar se defender confirma que é o problema; se não se defender será atacado indefinidamente.

Esse uso abusivo dos filhos pode ser feito com maldade e consciência da sua intenção, mas na maioria das vezes é feito sem perceber e se responsabilizar por isso.

Ser usado como arma nas brigas dos pais – seja para salientar o erro do adulto, seja "para proteger" o filho, seja para atingir o cônjuge – sempre será pernicioso para o desenvolvimento emocional harmônico da criança.

### *Brigas porque o filho é semelhantes ao cônjuge*

Pessoas que estão em conflito com o parceiro, enxergam com mais intensidade as características do filho que são semelhantes àquelas que não gosta ou critica no pai/mãe da criança. Ser atacado por isso leva a criança a se sentir impotente e sem saída. Está sendo agredida ou desqualificada por algo que realmente tem ou é, e não pode se rebelar porque o pai/mãe além de apontar a semelhança prova que ela é "do mal".

Muitas vezes para se defender, a criança ou adolescente passa a intensificar a semelhança. E novos ataques e brigas virão.

### *Uso dos filhos para não ter intimidade conjugal*

Alguns casais em crise conjugal usam os filhos como desculpa para manter o parceiro/parceira à distância. É uma tática destrutiva das relações e que consegue manter o outro distante, porque vem acompanhada de justificativas poderosas – cuidado com as crianças, serem bons pais, cansaço pelas tarefas parentais, entre outras – mas também criará uma culpa e um mal estar para os filhos, que se sentirão culpados de atrapalhar a vida do casal e tudo o mais que isto acarreta.

Brigar com os filhos – por bons ou por insignificantes motivos – nos momentos em que deveriam estar na intimidade do casal, é também uma outra forma de atrapalhar a intimidade e afastar o/a parceiro/a.

### *Faça o que digo e não faça o que faço*

Um sem-número de brigas familiares acontecem porque os pais têm comportamentos que punem, quando aparece nos filhos. Se eles enxergam que fazem isto, podem explicar e ensinar aos filhos. Mas muitas vezes, se o filho denuncia o que aconteceu, os pais aumentam a punição e não permitem que a criança discuta o assunto.

### *Forçar prova de amor dos filhos*

Pais que têm filhos para provar sua própria competência, para provar que são amados, e para conseguir coisas que não conseguem sozinhos, podem usar seus filhos, o tempo todo para conseguir essa autoestima que não têm certeza de terem. Fazem isso, culpando os filhos de não os amar se não obedecerem, se não forem bem na escola, se não forem educadinhos e todos os outros comportamentos de crianças perfeitinhas.

São pais que estão o tempo todo corrigindo, exigindo e forçando os filhos a serem e mostrarem para o mundo que são capazes e competentes.

Outros pais, explicitamente exigem que os filhos deem provas do tamanho do seu amor, e digam o quanto eles são bons pais e o quanto são amados.

O que acontece é que, ao invés de apaziguar, essas exigências de prova de amor afastam mais o filho. E, se transforma num "jogo do sem fim".

### Brigas necessárias

São aquelas que ajudarão os elementos da família a crescerem e aprenderem.

São as brigas que cumprem as tarefas de ser pai e de ser filho. E se forem suaves e amorosas farão parte do relacionamento familiar sem colocar em risco as relações.

### Pais que se perdem ao lidar com a agressividade dos filhos

Muitos pais perdem o controle da situação nas brigas. Isso pode acontecer, entre outras inúmeras razões, por:

- seus próprios medos ou outras dificuldades,
- terem deixado os limites muito frouxos,
- causa da personalidade e energia do filho,
- circunstâncias específicas,
- seus próprios valores e regras,
- seus álibis relacionais.

Nestes casos, independentemente das causas e justificativas, a primeira avaliação a ser feita é com relação às tarefas parentais. Se elas estão sendo exercidas ou não.

Depois o que se vai avaliar é a questão de limites, liberdade e autonomia dos filhos, que devem sempre ser adequados à idade e à prova de competência deles.

Lembrando que, direitos e liberdade não são obrigações dos pais darem, mas sim uma conquista de cada filho.

No entanto, a maioria dos pais que se perde na briga com os filhos está enredado nas questões do seu uso inadequado do poder e do controle.

Para saber, se isto está ocorrendo, pode-se olhar os próximos itens, e avaliar se estão atrapalhando o crescimento dos filhos:

- Estão encorajando uma reação submissa e indulgente frente à agressão feita pelos pais e por outras crianças?
- Estão exercendo controle através da coerção e castigos muito severos?
- Fazem uma combinação de indulgência e disciplina severa sem dados de realidade, só dependendo do humor e da situação do adulto?
- Controlam por meio de ameaças irracionais?

Se estes itens estiverem acontecendo, os pais precisam buscar uma ajuda externa para enxergarem suas próprias dificuldades e mudarem seus comportamentos que não auxiliam os filhos a crescerem e se responsabilizarem e que geralmente aumentam a agressividade dos filhos.

### *Brigas e filhos adolescentes*

À medida que os filhos entram na adolescência, seria prudente que os pais:

- moderassem suas preleções,
- suavizassem o tom imperativo e,
- se tornassem disponíveis a serem companheiros e amigos dos filhos.

Desta forma, eles estarão em condições de dispensar uma educação emocional funcional aos jovens, que a poderão adquirir através da intimidade da vida familiar. Que é o melhor lugar para isso.

Muitas das brigas dos adolescentes são específicas e necessárias nesta fase de vida. É importante que os adultos enxerguem isto e deem parâmetros para que eles possam exercitar os comportamentos que são necessários, mas de forma a aprenderem e passarem para a etapa seguinte.

Excesso de indulgência ou excesso de rigidez não auxiliam nas aprendizagens pertinentes a esta fase, mantendo-os patinando nos comportamentos e brigas ou impedindo que exercitem e vão adiante.

**Necessidade do jovem afirmar a própria identidade**

Poucos pais conseguem enxergar a importância do comportamento, quando os filhos se tornam resistentes a uma ordem ou quando eles decidem entrar em greve, por meio de um desafiador *"Não, não faço!"*.

Saber quando e como ser insistente e quando e como ceder é uma das funções mais sensíveis da paternidade construtiva.

Os pais necessitam de considerável percepção para se questionarem e decidirem quando a situação merece tornar-se uma questão autêntica, pela qual se deve brigar.

Precisam decidir também sobre aquilo que de fato não pertence a esta categoria e deve ser abordado com habilidade ou desprezado.

Os jovens por outro lado, precisam descobrir os próprios métodos de se dissociarem de solicitações paternas alheias ao seu desejo ou ao seu desenvolvimento.

É muito importante aprender a conversar sobre as diferenças de posturas, de crenças e de desejos, mas mais importante ainda é a possibilidade de fazer isso sem destrutividade e com coerência.

Os pais que ficam indignados quando o filho adolescente se recusa a fazer um programa com eles, em geral não percebem que a obstinação do jovem é, provavelmente, um ato construtivo. É possível que o jovem não esteja revoltado contra o programa "careta" ou contra os pais, mas está dando um passo naquela longa, longa estrada que o leva a afirmar a própria identidade.

A possibilidade do filho fazer escolhas diferentes do desejo dos pais e poder dizer isso para eles, pode atenuar a tensão entre pais e filho, permitindo que todos coloquem suas posições, sem a expectativa de que o outro mude sua opinião.

O filho pode também demonstrar autoconfiança e levar os pais a saberem que ele, o filho, acha que eles, os pais, estão sendo arbitrários.

Importante também os pais saberem que o filho pode se tornar desobediente, caso seja excessivamente pressionado.

### Drogas como uma forma inadequada de brigar

Um dos desencadeantes do envolvimento de adolescentes com as drogas é a busca de uma forma de se colocarem contra as verdades e exigências paternas. Muitas vezes, quando não podem ou não conseguem dizer não, dizem "não" através das drogas ou outro comportamento antissocial.

Este comportamento disfuncional pode ser evitado se os pais, desde que as crianças são muito pequenas, lidarem com elas de forma firme, mas flexível nas questões dos limites, direitos, deveres, responsabilidades.

Firme, porque as crianças precisam de parâmetros bem definidos. Esses parâmetros são importantes para introjetarem valores mas também para encontrarem valores bem definidos contra os quais poderão se posicionarem e testarem.

Flexível para que possam ser questionados, testados e até mudados.

Crianças que aprendem a questionar, a fazer escolhas e a se responsabilizar lidam melhor com os dados de realidade, e aprendem cedo a lidar com as frustrações inevitáveis do mundo. E este é um ingrediente que previne o envolvimento do jovem com o mundo das drogas.

### *Equilíbrio nas "armas" paternas*

Pais sensatos tentam intuitivamente equilibrar o arsenal de armas em uso entre eles e os filhos, de tal modo que os jovens não se tornem desencorajados e continuem a se manifestar, brigando por mais privilégios, independência e crescimento.

Se, ao contrário abusarem do seu poder e impedirem seus filhos de se manifestar, construirão filhos com síndrome de perdedores, que não aprenderão a se manifestar, a ousar e lutar.

Um pai que deseja brigar corretamente com o filho deve encarar a criança como um oponente valoroso, uma pessoa dotada de agressão natural em seu pequeno coração, que ela necessita e gosta de liberar, particularmente contra aqueles de quem ela depende tanto.

Nos conflitos com o filho, um pai ou mãe devem saber manejar seu sistema de armamentos, controlando-os, mantendo-se nos limites da criança ou talvez um pouco além dela. Assim, eles levarão a criança a usar armas leais e inculcarão nela respeito em relação ao fato de estabelecer limites razoáveis para seus ataques. Isso proporcionará à criança uma oportunidade de aprender a manipular sua agressão de modo racional, realista e sem rodeios.

Se o pai sufocar a criança e a dominar, falhando em ajustar a força da agressão adulta à sensibilidade da criança, poderá estar desencadeando comportamentos de revidar às ocultas, dissimuladamente, ou com comportamentos antissociais ou autopunitivos.

### *Criar e frustrar expectativas*

Pais sempre têm um nível de expectativa alto com relação aos seus filhos. Inúmeras razões existem para isto, sendo as mais comuns:

- mostrar sua capacidade de criar bons filhos;
- busca de aprovação familiar ou social pelo desempenho dos filhos;
- uma prova de que são amados.

Filhos, por seu lado, também têm os pais na mais alta expectativa:

- que os compreendam sempre;
- que os supram de todas as necessidades;
- que deem sem cobrar contrapartida;
- que não os invadam mas estejam sempre disponíveis.

Criar expectativas de que vai funcionar como o outro deseja, e depois não fazer, frustrando o outro é uma forma de se relacionar que cria uma situação confusional e repleta de ansiedade e angústias. Este é um dos estilos preferidos de briga dos filhos e dos pais. Portanto, quando um deles sinaliza que vai cumprir as expectativas, o outro sempre acredita! E desta forma estará muito suscetível às frustrações inevitáveis.

*Uma mulher adulta e independente, perdia toda sua autonomia, quando vivia algo semelhante à esta situação. Se desorganizava, mesmo tendo consciência e lembranças das inúmeras vezes em que pedia para ir a uma festa, e o pai nunca dizia que sim nem que não, mas respondia "Vamos ver", calmamente. E ela sempre acreditava que desta vez ele diria sim. E ele sempre dizia não.*

Enxergar que isto está acontecendo, que tanto pais como filhos estão agindo desta forma, e iniciarem um esforço para mudar, abre possibilidades de um relacionamento mais próximo e mais real entre pais e filhos.

### Ouvir os sinais dos filhos

Aprender a "ver com os ouvidos" e "ouvir com os olhos" é uma metáfora sobre a importância dos pais estarem atentos aos pequenos sinais que os filhos dão. Se isto acontecer, pode-se conversar e clarear o que está acontecendo antes que os sinais precisem ficar tão claros através de sintomas ou brigas muito intensas.

Muitas vezes a criança diz verbalmente o que a incomoda ou o que está acontecendo mas os pais não dão importância à sua fala, tratando como uma infantilidade, uma bobagem.

*Numa família que conheço, e que tem uma menina de 5 anos com muitos sintomas, os pais e a avó ficaram chocados, quando enxergaram quantas vezes forçaram a menina a fazer determinadas coisas – ir com a avó para a praia, assistir a uma peça infantil, que dava medo à criança, ir a determinadas visitas – mesmo a garota dizendo que não queria ir, que não gostava, que não estava bem.*

Outras vezes, o sintoma ou a agressividade da criança é um contra-ataque. Pais que se acham com direitos de impor sua vontade, de forçar o filho a fazer o que eles acham que deve ser feito, sem ouvir o que eles não querem, ou não podem fazer, podem estar sendo agredidos pelos filhos, como uma forma de se defenderem do que estão vivendo.

### *Pais culpados*

Pelo alto nível de expectativa, pela consciência real de que não é onipotente, e por uma série de outras razões, pais são bons reféns da culpa. E, muitas vezes, quando os filhos percebem isto, cria-se um círculo vicioso que não leva ao bem-estar; e que, se cristalizado, é responsável por muitas brigas insolúveis e infelicidade familiar.

Quanto mais fazem, mais acham que deviam fazer, e mais culpados ficam. E, muitas vezes, cobram dos filhos, que entram no mesmo padrão, onde cobrança e culpabilização se retroalimentam.

- Lidar com os dados de realidade,
- terem outras fontes de realização além dos filhos,
- terem humildade sem tristeza,

são alguns itens que ajudam a lidar com a culpa parental.

### *Brigas e limites*

Quando os pais e os filhos aprendem a brigar corretamente, podem eliminar a maior parte dos problemas relacionais, antes que eles surjam. É preferível que a briga construtiva comece cedo, na infância, quando, os pais hábeis começam a impor limites ao comportamento dos filhos.

Muitos pais ainda têm dificuldade em reconhecer que os filhos necessitam de limites, com a mesma urgência com que um navio precisa da decisão de um capitão. Quando os pais não oferecem limites, as crianças encontram meios de os solicitar, apresentando comportamentos agressivos ou antissociais que forçam os pais a estabelecer limites. Com frequência, até mesmo uma criança bem pequena faz isto.

O pai demasiadamente permissivo pode estar temeroso em arriscar a resistência da criança aos limites, mas desta forma ele não estará desempenhando adequadamente seu próprio papel.

Sem limites, as crianças se excederão repetidas vezes, até os pais perceberem a mensagem implícita em seu comportamento ("*Quero limites*") ou até a criança receber uma dolorosa resposta do mundo exterior, que é pouco amoroso e que está longe de ser permissivo.

Negligenciar a questão do estabelecimento de limites e fazer as vontades de uma criança constitui, na verdade, uma forma passiva de hostilidade e falta de amor por parte dos pais, pois uma criança mimada desenvolverá traços de comportamento indesejáveis, e em função deles, se deparará com a rejeição dolorosa. Inicialmente, por parte dos próprios pais, que outrora se mostraram tão receptivos e agora não suportam os maus comportamentos, e, mais tarde, do mundo.

Dizer "não" com amor é mais bem executado, quando os pais conseguem fazê-lo, omitindo sermões sentimentais (nos quais se diz *o quanto os pais amam os filhos* ou quando se afirma que o comportamento das crianças está sendo restringido *"para o próprio bem delas"*). O melhor é ir direto ao assunto, com amor, mas com firmeza.

Os pais podem concordar de forma flexível, com aquilo que julgam ser possível, mas não devem tolerar de modo algum aquilo que julgam estar fora dos limites.

Todos da família têm o direito de discordar abertamente e com lealdade; até mesmo uma criança tem o direito de divergir.

Dar à criança a chance de "vencer", se ela merecer, facilita soluções agradáveis para conflitos entre pais e filhos. Não se pode esperar que alguém seja sempre perdedor. No entanto, isto deve ser real, e jamais significar uma dificuldade dos pais de fazer respeitar seus desejos e suas regras.

Pais superprotetores, muitas vezes repletos de sentimentos de culpa, que cedem a quase tudo aquilo que os filhos pedem, privam os jovens de treinarem a experiência de enfrentar a poderosa autoridade dos pais e assim se prepararem para as situações de autoridade e limites da vida extrafamiliar.

Esses pais, inadvertidamente, levam a si mesmos e aos filhos a um duplo constrangimento: em primeiro lugar, privam os filhos de adquirir força, através de experiências realistas que envolvem assumir riscos e se responsabilizar; e, mais tarde, ficam irados e decepcionados, se os filhos não conseguirem ou se recusarem a realizar desempenhos eficientes na vida adulta.

### *Confusão entre* pedir e mandar

Tenho encontrado essa confusão de comportamento, na maioria dos pais que acompanhei nos últimos 20 anos.

Os pais pedem que os filhos façam o favor de desempenhar determinada tarefa, quando na verdade deveriam dar uma ordem, definir um limite. O que acontece então, é que os filhos não fazem o favor! E os pais se enfurecem pela indisponibilidade dos filhos.

Quando os pais compreendem que:

- um pedido não envolve obediência, e sim, dá a possibilidade do outro dizer sim ou dizer não; e
- uma ordem é uma parte de um contrato, que, se não cumprida, terá uma consequência, um efeito,

eles podem se organizar e definir, se estão *pedindo um favor* ou se estão *dando uma ordem*, definindo um limite. E com isso, tiram a relação pais – filhos desse estado confusional.

### Brigando menos com os filhos

Para acabar com brigas desnecessárias, desleais e destrutivas com os filhos, as seguintes propostas podem ser úteis:

- Evitar dar ordens excessivas. Isso reduz o acúmulo de solicitações.
- Eliminar pedidos feitos em nome da "formação do caráter" em um momento em que essa razão não tem a menor utilidade prática.
- Pedir unicamente aquilo que a criança pode realizar agora. Haverá tempo para outras solicitações futuras.
- Fazer pedidos aos poucos, contribui para um desempenho mais animado e eficiente.
- Supervisionar e dar à criança, através de um acompanhamento, condições para que ela possa desempenhar a tarefa, de acordo com o compromisso que assumiu.
- Ficar firme até o fim do compromisso e evitar novas solicitações, durante a realização da tarefa.
- Mostrar para a criança, exatamente aquilo que espera e certificar-se de que ela entende não somente o que deve fazer, mas como fazê-lo.
- Isso desperta a expectativa da criança, em relação ao sucesso e à aprovação.

- Adequar a aprendizagem:
    - primeiro ensinar,
    - depois treinar,
    - depois supervisionar, e,
    - só depois, cobrar.

# V. Brigas no casal

## Espaço de casal

Quando duas pessoas decidem "se juntar", elas estão definindo que formarão um novo sistema, com regras, funcionamento e definições específicas. Não importa se é um casamento legal ou só vão viver juntos; não importa se viverão em casas separadas ou dividirão o mesmo teto; não importa se pretendem que seja para sempre ou se só pretendem ser "companheiros de trecho"; não importa se os dois estão querendo e estão envolvidos na mesma intensidade, ou se um quer e precisa mais que o outro.

O nível de consciência que eles têm desse novo sistema também pode variar de mínimo, até um perfeito discernimento do que estão realizando.

Independente de todos esses aspectos, é um espaço que está sendo criado.

É um espaço de casal no sentido de que possibilita vivências, aprendizagens, experiências que só são possíveis numa relação de intimidade, de sexualidade, de par e parceria.

Outro aspecto importante no espaço de casal, é o ligado à possibilidade de crescimento que a relação permite.

Dois parceiros nunca correspondem, nem satisfazem completamente um ao outro. Cada um deles construirá a realidade de modo diferente, compreendendo os fatos, vendo as situações, avaliando com olhos diferentes. Será determinante para a qualidade e a possibilidade da relação, se essas construções pessoais são ou não compatíveis entre si.

As tensões resultantes de opiniões diferentes podem dar sabor à relação, e fazer com que a história de uma relação seja aventurosa, incomparável, única. Então, as dificuldades são vistas como uma possibilidade de trazer à luz os pontos pessoais que precisam ser burilados.

A relação de casal é o espaço onde as pessoas se encontram – metafórica e concretamente – mais nuas. É onde aparece o melhor e o pior de cada indivíduo. Pela intimidade, pelo excesso de estar juntos, pelas expectativas do próprio funcionamento e do funcionamento do outro é nesse espaço que as pessoas estão mais vulneráveis. E que percebem os pontos de vulnerabilidade dos parceiros.

Boas relações trazem à tona mais do melhor de cada um dos parceiros. Da mesma forma, relações ruins trazem à tona mais do pior de cada um.

## Brigas no casal

É comum ouvir que casais que se amam não brigam. Isto não é verdade, brigas existem nas melhores e nas piores relações.

As brigas podem ser enriquecedoras. Elas são uma forma de os parceiros mostrarem as suas características e seu potencial, manterem a privacidade e a individualidade.

Mas, se eles se envolvem tanto na atividade de brigar, que perdem de vista a união e o afeto mútuos, o amor corre perigo.

Não há receita para se manter uma relação feliz. Mas parceiros que se propõem a aprender e a crescer juntos, com certeza serão capazes de criar novas formas de lidar com as brigas e o entorno delas.

Ao descobrir que nem sempre as brigas são desastrosas, e que podem até serem úteis, é provável que comecem a usá-las de maneira construtiva.

As brigas são **perigosas** quando o casal se envolve tanto na beligerância – atacar, defender, instrumentar-se e arranjar argumentos – que perde de vista a relação. Essas brigas, com certeza, são desnecessárias, inúteis, porém não inócuas, porque deixam sempre uma marca de dor, mágoa e desgaste na relação.

Elas são **inúteis** quando repetem sempre o mesmo conteúdo, a mesma forma, e não ajudam os parceiros a enxergar novas saídas.

Quando trabalho com casais, um dos parâmetros que emprego, para avaliar a saúde relacional é mapear se brigam por questões atuais ou por razões, conteúdos, opiniões e fatos do passado.

Mais funcionais são os que brigam por questões do presente; menos, os que repetem a mesma questão indefinidamente.

Em um relacionamento, as brigas podem ser uma forma de os companheiros se fazerem conhecer, de mostrarem seus desejos e seus potenciais, de lutarem para manterem seus espaços e direitos. São aspectos importantes e enriquecedores da união.

Evitar desentendimentos pode ser a principal causa de deterioração da relação e impedimento da intimidade. Se uma pessoa tem compulsão para evitá-los, está presa na mesma armadilha de outra, que briga compulsivamente por qualquer detalhe. Como se trata de compulsão, as duas atitudes são mais fortes que o afeto e o espaço da relação.

Para que uma briga seja **útil**, os parceiros precisam aprender e exercitar muitos itens importantes:

- expressar a raiva sem atacar destrutivamente;
- não aplicar "golpes baixos";
- não insultar;
- não desenterrar problemas antigos;
- não despejar sobre o companheiro queixas e frustrações acumuladas;
- expressar sentimentos, não acusações;
- fazer apenas críticas construtivas;
- ouvir e reconhecer o que o parceiro acabou de dizer, em vez de argumentar logo em contrário.

Depois de cada briga, ao baixar a poeira, os dois podem se sentar para conversar e compreender o que ocorreu. Assim, terão mais conhecimento de si e do outro, além de maior possibilidade de controle, a fim de evitar brigas estéreis.

O conhecimento de que cada um pode cometer erros e descontrolar-se, vai ajudar ambos a se empenharem para se recuperar. Isso pode ser feito por meio da conversa sobre o modo como os dois cometem erros e os efeitos que produzem.

Como as brigas são inevitáveis, o casal deve treinar a fim de buscar maneiras mais adequadas para elas. Uma forma é usar pequenas regras de funcionamento nessas ocasiões. Algumas podem ser:

- não fazer perguntas usando "por que"; pois isso pode significar censurar, o que não ajuda em nada;
- procurar ater-se a um tema, sem lembrar de outros que também atrapalham; isso tira o foco e desestrutura a questão que está em discussão;

- não trazer à tona assuntos do passado: o problema é o que ocorre agora, não o que poderia ou não ter havido em outros tempos;
- não interromper, dando chance à outra pessoa de terminar seu pensamento.

Aspecto igualmente importante é que, nesses momentos, as pessoas deixam de lado muitas de suas máscaras sociais e aparecem mais suas verdadeiras características, tanto as melhores como as piores.

Elas podem usar essa real fotografia do seu funcionamento, para mapear o que poderia ser melhorado no aspecto comum e também no individual.

Sempre haverá alguma coisa que pode fazer um dos parceiros explodir. Portanto, em vez de se dedicar inteiramente a evitar as brigas, como se vê, é possível desenvolver a habilidade de se recobrar e de tirar proveito delas.

Os casais que brigam regularmente, com construtividade, não precisam carregar sacos repletos de queixas, que podem estourar a qualquer momento.

Manter as discussões em um nível de abertura, e de atualização, de tal modo que os "livros contábeis" do casamento possam ser examinados diariamente.

Casais que não brigam acabam sendo ignorantes sobre seus parceiros. Um tédio e um estado de solidão a dois. A tranquilidade que prevalece nesses lares não é realmente uma paz.

Poucos casais se dão conta de que a incapacidade de confrontar pode conduzir a uma crise do casamento totalmente inesperada e dramática, e até mesmo ao divórcio.

Por ser uma relação de constante contato e de inúmeras tarefas, muitos sentimentos são desencadeados; tanto agradáveis como desagradáveis. Se não souberem lidar com eles, podem virar uma fábrica de emoções negativas e contidas. Muitas brigas de casal são geradas pela ansiedade que vai crescendo em função desses sentimentos – raiva, medos – e que no dia a dia tomam a aparência de pressa, impaciência, indelicadeza.

A compulsão em evitar brigas é a mesma coisa que a compulsão de brigar por qualquer detalhe pequeno. O hábito de não falar das mágoas e insatisfações e no momento da briga despejar queixas e frustrações acumuladas leva com que esses conteúdos adquiram uma intensidade muito grande.

Aprender a ter uma briga de casal mais funcional aprofunda o relacionamento e aumenta a intimidade e a cumplicidade dos envolvidos.

A briga melhora muito, se o casal aprender alguns dos próximos itens.

- Brigar por questões presentes
- Ouvir e refletir
- Usar a briga para enxergar o desejo e expectativa do parceiro
- Saber que não existem vítimas e bandidos, mas sim jogos interrelacionais, onde o que cada um faz desencadeia e define o que o outro fará
- Enxergar como desencadeiam e mantêm as brigas
- Saber que nas brigas de casal, se um vencer, os dois perdem. O único modo de vencer consiste na vitória das partes.
- Uma negociação sensata, a procura por novas alternativas podem levar a um desfecho construtivo

## Desencadeantes de brigas de casal

As situações que desembocam em brigas, são semelhantes em todas as relações, mas existem algumas que ocorrem especificamente nos casais.

- Intromissão inoportuna – pedidos, comportamentos, interferências fora do momento de disponibilidade do outro. Ex. investidas sexuais na hora que ela está cozinhando.

- Invasão – quanto mais íntima uma relação, mais possibilidade de ocorrerem invasões severas – de privacidade, de espaço. A repetição desses comportamentos leva a brigas sérias e muitas vezes, desleais.

  Essas invasões podem ocorrer com aspectos variados: deixar de cumprir compromissos; modificar regras sem discussão prévia; não tomar conhecimento da existência do outro, comentários inadequados.

- Acomodação – quando o casal se acomoda nos incômodos mútuos, a energia do mal estar vai se cronificando e armazenando. Muitas brigas sérias ocorrem, quando essa emoção e energia represadas estouram.

  Isso pode acontecer motivado por situações ou comportamentos com aparência de insignificantes, mas que acordam o que estava acomodado.

- Monólogos – algumas pessoas têm o hábito de falar do seu mal-estar, sem dar condições do outro se expressar. Esses monólogos desencadeiam ressentimentos que podem surgir, quando menos esperarem, e desencadearem uma grande briga.

- Enraivecimentos – pessoas que estão constantemente dando resmungos ou gritos. Qualquer mínima frustração, desacordo ou mal-estar desencadeia resmungos, falas e gritos intensos.

O susto e dificuldade de entender o que aconteceu pode gerar mal-estar no parceiro. Isso pode levar a inúmeros sintomas, incluindo brigas.

- Brigas pelos "ninhos" – praticamente todos os casais brigam por alguma questão relacionada ao espaço em que vivem.

Um exercício importante é pesquisar o que estão querendo dizer, quando brigam por coisas da casa; que briga estão brigando: se realmente as questões são importantes ou estão servindo para estourarem por outras questões relacionais e íntimas.

- Brigas durante o namoro – quando as pessoas se conhecem fazem uma imagem do outro e deles juntos. Essas imagens, na maioria das vezes, são irreais em função das distorções que a paixão e o encantamento trazem. O natural é que, aos poucos, o casal vai adequando suas fantasias ao que o outro e eles são, na realidade.

Quanto antes o casal checar essas imagens, e as confrontarem, mais rápido irá corrigindo e o resultado será melhor.

O problema é que, a maioria das pessoas, não enxerga o namoro sob essa perspectiva, e começam – às vezes, desde que se conhecem – a ter brigas intensas que tem como objetivo forçar o outro a ser da forma como fantasiou que ele era. As consequências naturais serão a dor, a desilusão e dificuldades crescentes e repetitivas.

- Brigas para testar – casais funcionais não têm necessidade de testar a imagem que fazem um do outro, e nem o amor que sentem um pelo o outro. Adquirem esse conhecimento como uma consequência de seu contínuo confronto com a realidade.

Mas, quando as pessoas têm a compulsão de testar o amor e a disponibilidade do outro, o contexto amoroso fica trancado e sem espontaneidade.

Em vez de deixar tudo às claras, aqueles que testam o amor usam todos os métodos, incluindo brigas e controles de uma forma repetitiva e, muitas vezes destrutiva.

- Briga contra a invasão amorosa – por medo de se perder no amor, de perder a identidade, muitas pessoas criam situações e brigas.

  Se tomarem consciência desse seu medo, o melhor caminho é conversar e propor novos contratos relacionais.

- Mau uso da intimidade – muitas pessoas definem "relação de intimidade" como aquela em que se pode dizer tudo que vem à cabeça, confundindo espontaneidade com grosseria. Geralmente, são gentis e bem-educadas nos relacionamentos sociais e profissionais, e verbalmente abusivas com os familiares, especialmente com os cônjuges.

Um casal que está decidido a melhorar a relação, ficará atento a essas situações, seja para evitá-las, seja para administrá-las.

### Briga e rompimento

Muitos casais explodem e lançam desafios do tipo *"Estou indo embora"* ou *"Porque você não se divorcia de mim?"* ou *"Se você quiser, podemos terminar."* Ou *"Muito bem, vou procurar um advogado!"*

Habitualmente são estratégias de ataque, mas que, na sequência, podem de fato gerar uma separação inadequada. Inadequada, porque a decisão de separação não deve ocorrer no auge da emoção e da dor, e sim, com calma, racionalmente.

Essas explosões e desafios também são lembretes de que algumas mudanças se fazem necessárias no relacionamento. Um casal que se percebe ameaçando de separação durante a briga, deveria após ela, conversar e refletir seriamente sobre as mudanças que devem e podem fazer na relação.

Os ciclos de brigar – romper – reatar – brigar – romper mostram aspectos do casal que precisam ser revistos. O risco é cronificarem nesse vai e volta e, mesmo insatisfeitos e infelizes, repetirem e repetirem, e cristalizarem nesse padrão.

Uma conversa e mesmo uma briga em torno das questões pendentes é claramente preferível, ao malabarismo das ameaças de divórcio.

No entanto, às vezes, as ameaças servem como despertadores úteis. Podem fazer um parceiro acordar abruptamente e enxergar a situação. Mas só será útil, se servir para mudar algo da relação.

### *Frustração conjugal*

Viver com frustrações faz parte do preço da intimidade. Isto ocorre pelas expectativas que sempre estão presentes; pela impossibilidade de compartilhar os mundos internos; e por outros desacertos específicos de cada casal.

Uma boa briga pode até reduzir a frustração conjugal, mas só será útil se for acompanhada de outras estratégias para melhorar a qualidade da relação. Se não, pode funcionar como uma nova fonte de frustração.

Uma pessoa que sabe que frustrações são inevitáveis na relação, pode lidar melhor com ela, sem brigas e cobranças, pelo menos até que novos acontecimentos abram caminho para novas possibilidades.

### Brigas para provar sua verdade

Sempre que duas pessoas estão interessadas na conversa, aprendem e saem dela modificadas. É como se ambos olhassem o mundo com os olhos de um e de outro. Isso não acontece, quando a conversa ou a briga passa a ser uma disputa, para provar a sua própria verdade. Quando é este o objetivo, todas as armas podem ser usadas, e podem criar e manter uma guerra.

Uma forma de evitar brigas para provar sua verdade é usar envolvência, carícias, carinho como comportamento constante na relação – são meios preventivos, capazes de abrandar as brigas, favorecer entendimentos, facilitar negociações.

### Brigas e divórcio

Independente se o divórcio foi mais ameno ou mais dramático, ele sempre traz sentimentos dolorosos e desorganizadores. As brigas ligadas ao divórcio podem servir para expurgar essas emoções.

E, quando não se tem consciência dos seus próprios sentimentos, há o risco de desencadear brigas sérias e sem possibilidade de serem usadas de forma construtiva.

No entanto, se os envolvidos tiverem consciência dos seus sentimentos, podem usar as brigas para reorganizar suas novas identidades, para redefinir os contratos e negociar a relação, nesse novo momento.

Algumas pessoas, apesar de separadas, continuam repetindo o mesmo padrão de dificuldades, brigas e relacionamento da vida conjunta. Isso dificulta a separação, impede uma mudança de relação e mantém o que tinha de ruim e difícil.

Se, se derem conta, que a outra pessoa não é mais da sua intimidade, a mudança de relação será facilitada. E, as possíveis brigas, vão mudando e focando em situações atuais, com objetivos claros e respeito renovado.

### Intimidade e brigas

Intimidade sem conflito é praticamente impossível. Quanto mais próximo de alguém se está, mais se enxerga o outro cruamente. E a partir disso, as diferenças aparecem, e os conflitos podem surgir.

As brigas entre pessoas íntimas podem ser uma forma de dosar essa permissividade que a intimidade traz. Nesse caso elas são úteis, pois abrem espaço para conversas, negociações, e são também uma forma de se mostrar e de fazer mudanças.

No entanto, é muito importante que essas brigas sejam norteadas por respeito a si e ao outro. A intimidade traz também uma habilidade em atacar o outro nas suas áreas mais vulneráveis. Poder enxergar o ponto fraco do outro e não usá-lo na briga, é um treino de aprimoramento pessoal e autocontrole.

No caso de se fazer uso do que mais desarticula o outro nas brigas, é um comportamento que certamente vai acionar a mesma estratégia no parceiro, e na repetição cronificada, corre o risco de acabar com a relação ou com a saúde dela.

### Masculino e feminino

Muito se fala sobre diferenças de gênero nas brigas. Alguns aspectos são reais, pois são construídos a partir das permissões ou restrições sociais e culturais. Por exemplo: *muitos pais não se assustam, se o filho homem chega em casa, dizendo que teve uma briga física, mas se desesperam se isso acontece com suas filhas.*

Mais importante que a questão do gênero, é a questão dos padrões pessoais – que são construídos a partir dos padrões familiares – e que facilitam ou dificultam o uso de determinados instrumentos a serem usados na hora das brigas.

Refletir e perceber – em si e no outro – sobre por que, como, quando brigar, ajuda a clarear o objetivo da disputa e a instrumentar-se, aprender e desenvolver formas mais construtivas de brigar. E, com isso, todos se beneficiam e aprendem, e saem das simplificações dos comportamentos pré-definidos como masculinos ou femininos.

### Comportamentos e atitudes que pioram as brigas de casal

São comportamentos, na maioria das vezes, atuados sem muita consciência, que fazem com que a relação do casal vá sendo prejudicada, correndo o risco de se deteriorar.

- Investigadores conjugais – são as pessoas que usam todas as situações para checar suas hipóteses e seus medos relacionais. As brigas passam a ser um espaço de acelerar essa investigação, observando e analisando tudo que o outro faz.

  É uma atitude que impede o bom uso da briga.

- Invasores da privacidade – algumas pessoas e alguns casais acreditam que devem compartilhar tudo. As brigas, nesses casos, se transformam num exercício de invadir o outro, de checar se contou tudo, de se precaver contra o que o outro não disse.

- Despersonalizar o parceiro – muitos comportamentos, usuais nas brigas de casais, fazem com que o parceiro deixe de ser uma pessoa com a qual se está definindo alguma questão.

  Isso é feito, quando se mantém de maneira estereotipada a forma de brigar ou as falas e posturas mesmo que mude o assunto ou o objetivo da briga.

  Outro jeito de despersonalizar o outro é usar rótulos repetitivos na avaliação ou no ataque ao outro.

  Esse funcionamento cria uma situação confusional, pois quanto mais o outro se defender mais confirmará.

- Desapontar as expectativas do companheiro – a partir da convivência, vai-se descobrindo o que o outro espera, quando inicia uma briga.

  E, esta se torna inútil, quando o esforço maior é evitar dar o que o outro espera, ao invés de viver a briga como algo novo, e que se pode fazer bom uso.

- Agredir o ponto fraco do companheiro – a relação conjugal deixa os parceiros nus perante o outro, no seu melhor e no seu pior.

  Usar esse conhecimento sobre a parte mais vulnerável do outro, machuca profundamente, não ajuda em nada, e pode acabar com a saúde do relacionamento transformando-o numa guerra.

- Fingir estar zangado, falsas confissões e confirmações sem acreditar nelas – são comportamentos que encerram a briga mas, além de não resolver a questão, dão uma sensação de esvaziamento, solidão e impotência.

- Agressividade passiva – se a agressão pode ser uma forma de colocar energia viva na relação, a agressão passiva – sem explicitar a raiva, sem usar palavras evidentemente agressivas, não entendendo o significado do que o outro diz, tirando conclusões errôneas, pedindo que repita várias vezes, entre outros – pode acabar de vez com um relacionamento, se não for percebida a tempo e modificada.

- Retirar do contexto natural – uma briga acontece sempre ligada a determinado contexto que lhe dá coerência. Quando um dos dois, retira a questão desencadeadora da briga do contexto real e leva para outros contextos – para situações do passado, para outras relações, para o mundo da fantasia, para situações futuras – impede a resolução dos desentendimentos e cria o risco de cristalizar a briga.

- Psicologismos – usar jargões psicológicos – seja para avaliação, seja para atacar, seja para explicar – impede um olhar sem preconceitos para as situações que geraram ou que estão mantendo a briga.

  São elementos que congelam e deixam o outro impotente.

  Isso geralmente trará de volta comportamentos que mantém a guerra e não ajuda o casal.

- Conivência – aceitar os argumentos do outros, sem aceitá-los de verdade. Normalmente provocada pela dúvida em relação a si mesmo e pelo temor à rejeição cria uma estrutura para brigas muito mais amargas no futuro.

  A conivência é um comportamento comum no início do relacionamento, para não testar a realidade e manter a relação; é muito disfuncional numa relação mais madura, e acaba criando brigas futuras, muito mais amargas.

### *Diferenças de crescimento*

Muitas brigas são desencadeadas por diferenças entre os parceiros. Uma das funções da relação de casal é aprender a lidar com as diferenças de formas funcionais e criativas.

No entanto quando essas diferenças vão se cristalizando devido à diferença de desenvolvimento e crescimento dos parceiros, elas tendem a se tornar cada vez mais difíceis e desorganizadoras.

Tomar consciência das diferenças de crescimento – cultural, econômica e financeira, de tomada de consciência, entre muitas outras – é o primeiro passo para repensar o objetivo das brigas, as possibilidades reais de aprendizagens e mudanças, as possibilidades de alteração da relação, inclusive a possibilidade de rompimento.

### *Sexo e briga*

O comportamento sexual é a "ponta do iceberg" de uma série de situações e dificuldades individuais e de casal.

Quando a queixa ou sintoma é de área sexual, é importante avaliar a relação como um todo, para enxergar novos sentidos para essas dificuldades. Acreditar que a dificuldade é no sexo impede de enxergar o padrão do casal e dificulta resolver de fato os problemas conjugais.

E no terreno das brigas, sexo, sexualidade, questões sexuais são um terreno fértil!

- Brigas por causa de sexo – muitos casais usam as brigas do terreno sexual para brigarem as brigas de outros departamentos. Vale a pena refletir sobre isso.
- Comportamento sexual como briga – é quando o casal usa os comportamentos sexuais como instrumentos na

briga maior do casal. Transar, não transar, sintomas e disfunções podem ter esse papel.

- Sexo para por "panos quentes" nos motivos das brigas – é clássica a fala de casais que gostam de brigar porque as brigas sempre acabam numa transa intensa.

  O risco de estarem tampando as reais dificuldades é bem grande. Isso impede de tomar consciência e lidar com as reais causas das brigas.

- Contensão do sexo – é a arma mais grosseira do arsenal de guerra entre os íntimos. A pessoa se segura e não vivencia nem o prazer, nem a relação em si.

  Pode ser usada como uma forma de mostrar a inabilidade do outro ou por inúmeros outros motivos.

  A repetição desse tipo de briga vai certamente piorando a relação sexual e total do casal.

- Diferenças individuais – o significado e a forma de se sentir frente à sexualidade é diferente de pessoa para pessoa.

  Essas diferenças, num casal funcional, são discutidas e negociadas, para fortalecer o relacionamento.

  Num casal disfuncional, essas diferenças de viver e sentir a sexualidade podem se transformar em instrumentos para uma briga que rapidamente se transforma numa guerra armada.

  A definição *"Sexo só depois de um bom dia"* se contrapondo à definição *"Bom sexo dará um bom dia seguinte"* é responsável pelas brigas mais bobas e firmes dos casais.

  Um casal, mesmo com essas crenças contrárias, pode negociar questões e conversar sobre o assunto de forma clara, sem deixar que vire combustível para uma briga sem fim.

- Questões não sexuais em torno do sexo – inúmeros pontos de brigas de casais relacionados à sexualidade – transar ou não transar, quem procura quem, quando transar, tipos de atos sexuais, dificuldades sexuais como forma de agressão e negação da sexualidade, passividade ou agressividade, sintomas e dificuldades – podem ser formas de agredir o outro na briga da vida.

Se a pessoa tiver desejo e disponibilidade em enxergar essas questões, e a partir disso, devolver suas brigas e reivindicações para as devidas áreas, deixará a sexualidade, para usufruir o prazer e a tranquilidade de que são capazes.

### *Brigar e ceder*

Para os companheiros íntimos, talvez o resultado mais compensador de um conflito, com o qual se lidou adequadamente esteja no fato de poder ceder após uma briga.

Todo relacionamento íntimo possibilita o exercício de abdicar do próprio interesse, quando ele entra em colisão com o interesse do companheiro.

As concessões mútuas são tentativas de se dar bem com alguém e, muitas vezes, significa uma submissão aos desejos do outro.

Isso pode tornar-se um fato desgastante, pois o preço psicológico de ceder ao outro se traduz por uma perda da própria identidade, por mais temporária e parcial que seja.

Mas, ao exercitar essa possibilidade no relacionamento, pode-se descobrir que se trata de um preço muito pequeno, na medida em que faz parte de um processo colaborativo, mútuo, que conduz a um melhor relacionamento.

O benefício final do ato de ceder é uma sensação de bem-estar que nasce do fato de tornar feliz a pessoa amada. Por isto, pode ser tão gratificante. Também explica por que "é melhor dar do que receber". Isto é um fato, quando se trata de um verdadeiro exercício de intimidade.

Uma briga fica insolúvel, quando nenhum dos parceiros consegue fazer com que o outro aceite os importantes pontos de vista, que cada um precisa que o outro conheça. Assim, não param; toda situação é motivo para retomarem a mesma briga.

Se um dos parceiros compreende essa questão de ceder, pode avaliar as situações com clareza, sem preconceitos. E, então, poder escolher, ceder, em determinadas situações. Em nome da manutenção e qualidade da relação.

### *Briga e ciúme*

O ciúme pode ser positivo e necessário. Pode ser a consciência de uma distância ou de uma interferência numa relação de compromisso. Em geral, aparece quando se sente que o parceiro não está tão ligado, como se gostaria. Então, é uma indicação de que alguém ou alguma coisa se interpôs entre os dois, e os laços ficam mais frágeis.

Também pode ser entendido como um sinal de alerta. Uma espécie de "luz vermelha" a indicar que algo está falhando. Seja em um ou no outro, seja na relação, algum distanciamento é denunciado pelo ciúme. Quanto mais intenso e menos controlável, maior o problema.

O sentimento pode ser benéfico sobretudo se ocorre em uma união consistente e provoca um comportamento de aproximação dos companheiros. Pequenos jatos de ciúme às vezes funcionam como uma cola, que os une e previne qualquer tendência natural ao afastamento.

Mas quando o ciúme ultrapassa os limites do bom senso, provoca sofrimento para as pessoas envolvidas.

O sentimento pode ser demasiado por várias razões:

A primeira delas é uma interação matrimonial perturbada. Nesse caso, trata-se de casais que funcionam com base no "estar no controle", em "ciúme-infidelidade-ciúme", entre outros padrões que dão lugar à escalada cada vez maior de crises de ciúme.

A segunda razão para o sentimento são os contratos mal feitos, em que aspectos importantes não são ditos, desejos não são explicitados nem bancados, restrições não são negociadas. Isso leva frequentemente a crises repetitivas e profundas na relação.

A terceira razão são dificuldades emocionais particulares de cada um dos parceiros. Indivíduos com sérias deficiências em sua estruturação de personalidade terão menos habilidade para lidar com relacionamentos e com todas as vertentes "perigosas" que existem, como desacertos, rejeições, desavenças. Podem ainda sentir-se perseguidos e traídos, o que alimenta o excesso de ciúme.

Para uma pessoa consciente, o sentir-se tomado pelo ciúme pode levar a questionar-se sobre seus ciúmes e sobre sua maneira de se relacionar amorosamente. Pode tirar daí conclusões importantes a respeito de sua forma de ser.

Já os ciumentos inconscientes constituem um problema à parte. Eles permanecem em vigília o tempo todo, sempre muito tensos e aflitos. Tomam atitudes muitas vezes destemperadas. Estão sempre procurando uma forma de confirmar as suspeitas a respeito do parceiro ou da parceira.

Em questão de ciúme, a linha divisória entre imaginação, fantasia, crença e certeza se torna vaga e imprecisa. As dúvidas podem se transformar em ideias supervalorizadas ou delirantes. A pessoa é compelida à verificação compulsória de suas dúvidas.

Ciumentos, entre outras atitudes, fazem questão de confirmar onde o parceiro ou a parceira está, e se está mesmo com quem disse que estaria; abrem correspondências e ouvem telefonemas; examinam bolsos, bolsas, carteiras, recibos, roupas íntimas. Seguem o companheiro ou a companheira. Até contratam detetives particulares para vasculhar o dia a dia dele ou dela. Toda essa tentativa de aliviar sentimentos não ameniza o mal-estar da dúvida.

Essas avaliações do ciúme num casal são básicas para poder entender a função das brigas relacionadas ao ciúme. Elas são só uma forma de explicitar a questão interna, e, como todas as brigas, podem ser úteis – para tomar consciência, enxergar, aprender, mudar – ou podem ser uma forma compulsiva de defesa e ataque.

### *Brigas disfuncionais*

São as brigas que não tem objetivo construtivo, nem são fruto de um desejo de melhorar a relação. Podem ocorrer por real má intenção dos participantes ou por dificuldades emocionais de enxergarem seus padrões com humildade.

Mas, na maioria das vezes, ocorre por desesperança, por desespero, por terem durante muito tempo se desgastado em brigas inúteis e desqualificadoras.

São as brigas para:

- mudar o outro – o foco não é a relação ou aprendizagem e mudança pessoal, mas sim, é sempre uma tentativa de forçar o outro a fazer o que deveria ou o que acha que é melhor para si.

- ganhar o poder – todos os lances da briga são orientados para ganhar e evitar perder – informação, poder, espaço – e todas as armas podem ser usadas.
- mostrar o pior do outro – na tentativa de se proteger e defender, vai desenvolvendo estratégias e artimanhas para que apareça as piores características do outro.

★ ★ ★

A relação de casal é o espaço que mais permite e facilita aprender a brigar. Se as pessoas nas brigas de casal, AMOROSAMENTE,

- aprenderem a exercitar a cumplicidade,
- passar a mão na cabeça,
- ficar do lado do outro incondicionalmente,
- dar *feedback*,
- criticar respeitosamente,

um novo mundo se abrirá. Trazendo qualidade de vida para o casal, servindo de modelo de aprendizagem para os filhos, e assim influenciando o mundo.

# Finalizando

O conflito verbal entre pessoas intimas não é apenas aceitável,
é construtivo e altamente desejável.
Desde que briguem de forma apropriada.

Exige paciência, boa vontade, e flexibilidade
em adotar métodos desafiadores e anticonvencionais.
Requer corações e mentes abertos
à razão e à mudança.

Aprendendo a brigar
descobrem que as tensões e frustrações naturais
de seres que vivem juntos
podem ser grandemente reduzidas.

Vivendo com menos mentiras e inibições e
descartando conceitos ultrapassados de etiqueta
os casais e as famílias se sentem livres para crescer emo-
cionalmente, tornar-se mais produtivos e mais criativos,
não só como indivíduos
mas também como parceiros.

Muitas pessoas evitam brigar
por não confiar no que podem fazer
ou no que podem ouvir.
Como se fosse um medo do Mito da Caixa de Pandora
(Uma caixa que era proibido abrir, e que,

quando desobedeceram e a abriram,
soltaram todos os males da humanidade).
O medo
é usualmente justificado,
mas vale a pena lembrar que,
em algumas versões do mito,
após saírem todos os "bichos" da caixa sobrou algo,
e ao verificarem o que restou na caixa,
descobriram que era **a esperança**.

E é a esperança
que pode possibilitar novas aprendizagens
e ajudar as pessoas a ousarem brigar
e, então, resolver o que surgir.

A metáfora da fogueira
é usada para ilustrar o aquecimento da relação
que a briga pode dar.

Se o fogo estiver alto
não necessita de combustível ou abano;
existem momentos em que é melhor
que as brasas ardentes se apaguem;
e há momentos em que
as chamas precisam ser abanadas
a fim de se manifestarem vivas.

Porém, em **momento algum**,
existe utilidade em gerar
uma fogueira tão grande
que a floresta se incendiará,
obrigando a fugir.

Assim também, a briga pode aquecer a relação,
mas se for excessiva
poderá destruí-la.

★ ★ ★

A forma mais funcional de lidar com as brigas é poder usá-las para enxergar o seu próprio padrão de funcionamento, seus próprios medos, suas próprias dificuldades.

Através dessa consciência, se abre o caminho das aprendizagens necessárias, das mudanças possíveis, das curas a serem feitas.

E, os parceiros – cônjuges, familiares, amigos – deixam de ser algozes a serem vencidos, e passam a ser colaboradores no processo de amadurecimento.

Para contatos e informações
**Solange Maria Rosset**
Home page: www.srosset.com.br
E-mail: srosset@terra.com.br
Instagram: vivaconsciente
Fone/Fax: (41) 3335-5554
Curitiba - Paraná - Brasil

"A suavidade é o mais persuasivo dos argumentos".

## Outros livros da autora

O TERAPEUTA DE FAMÍLIA E DE CASAL
competências teóricas, técnicas e pessoais
Solange Maria Rosset
ISBN: 9786586140576

TEMAS DE CASAL
Solange Maria Rosset
ISBN: 9788588009691

PAIS E FILHOS - uma relação delicada
Solange Maria Rosset
ISBN: 9788588009394

IZABEL AUGUSTA - A família como caminho
Solange Maria Rosset
ISBN: 9788588009400

123 Técnicas de Psicoterapia Relacional Sistêmica
Solange Maria Rosset
ISBN: 9788588009387

MAIS - Técnicas de Psicoterapia Relacional Sistêmica
Solange Maria Rosset ISBN: 9788588009448

O CASAL NOSSO DE CADA DIA
Solange Maria Rosset
ISBN: 9788588009370

TERAPIA RELACIONAL SISTÊMICA
- famílias, casais, indivíduos, Grupos
Solange Maria Rosset ISBN:
9788588009301

COMO TRANSFORMAR
SEUS RELACIONAMENTOS
Solange Maria Rosset
ISBN: 9788570741158

**Construind o ideias e conectando mentes**

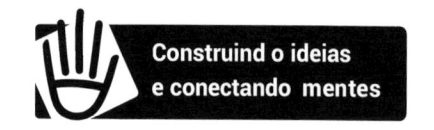

Este livro foi composto com tipografia Bembo
e impresso em papel Off-Set 90g.